U0825507

The Research on
Capital Residents' Food Comsumption:
Its Status Quo and Trend

新时期首都居民食品消费研究

现状与新动向

刘志雄◎著

经济管理出版社
ECONOMY & MANAGEMENT PUBLISHING HOUSE

图书在版编目（CIP）数据

新时期首都居民食品消费研究：现状与新动向/刘志雄著．—北京：经济管理出版社，2018.8
ISBN 978-7-5096-5868-0

Ⅰ.①新… Ⅱ.①刘… Ⅲ.①食品—居民消费—研究—北京 Ⅳ.①F126.1

中国版本图书馆 CIP 数据核字(2018)第 143405 号

组稿编辑：曹　靖
责任编辑：任爱清
责任印制：黄章平
责任校对：王淑卿

出版发行：经济管理出版社
（北京市海淀区北蜂窝 8 号中雅大厦 A 座 11 层　100038）
网　　址：www. E-mp. com. cn
电　　话：（010）51915602
印　　刷：北京玺诚印务有限公司
经　　销：新华书店
开　　本：720mm×1000mm/16
印　　张：9.75
字　　数：125 千字
版　　次：2018 年 9 月第 1 版　　2018 年 9 月第 1 次印刷
书　　号：ISBN 978-7-5096-5868-0
定　　价：68.00 元

·版权所有　翻印必究·
凡购本社图书，如有印装错误，由本社读者服务部负责调换。
联系地址：北京阜外月坛北小街 2 号
电话：（010）68022974　　邮编：100836

目　录

第1章

导　论

1.1　研究背景及意义

1.1.1　研究背景

自改革开放以来，特别是在最近二十多年里，随着我国经济的飞速发展和人们收入水平的快速提高，我国人们的食品消费结构与方式均发生了很大的变化。在消费结构方面，人们消费从过去的温饱型逐渐向健康营养型转变。过去，人们收入水平较低，食品消费主要以口粮为主，如米、面等，而现在，人们食品消费更加多样化，尤其是对肉、蛋、奶及奶制品类、水产品以及高附加值的瓜果及制品和蔬菜需求明显增加。在消费方式上，随着我国流通体制的改革，通信及物流技术的快速发展，人们消费方式日益多样化。例如，食品购买渠道增加了超市、网购和外卖，甚至是海淘等。此外，随着人们收入的不断提高，尤其是生活节奏日益加快，越来越多的消费者喜欢在外就餐。

我国是一个人口大国，更是一个食品消费大国，那么，如何认识我国食品消费所发生的变化，以及这种变化会有什么深远的影响呢？

无疑，这都是我国学术界和政界重点关注的领域之一。而要回答这些问题，我们就必须清楚地掌握我国居民食品消费的状况和趋势等方面的问题。

在已有研究的文献中，有关食品消费的研究大多集中在全国层面，或二线城市（省份）层面，而北京市作为一线城市，一方面，北京市居民收入水平和消费水平均较高，而且北京市地区物流发达；另一方面，北京市虽然位于北方，总体饮食习惯偏北方，但是北京市人口来源于全国各地，北京市可能是汇集全国各地不同地区人口比例最为均衡的地区，各类饮食在北京市均有消费市场，因此可将北京市作为一个典型地区来分析。

1.1.2 研究意义

本书的研究意义主要体现在以下几个方面：

（1）丰富了我国居民食品消费研究文献。尽管国内外许多文献对食品消费有过大量研究，但是大多研究集中在收入、价格或替代品对食品消费影响的研究上，而较少有研究者对于我国（尤其是特定地区的人们）食品消费结构和趋势问题进行研究，本书将在这方面提供重要的经验证据，以丰富这方面的研究文献。

（2）北京市不仅是全国的政治中心、文化中心，而且经济发达，许多方面在全国具有引领和示范作用，因此将北京市作为考察样本，对判断全国食品消费趋势具有重要意义。

（3）本书所得到的一些重要结论和启示，对于国家制定政策和企业制定经营策略具有非常重大的意义。

1.2 研究目标和内容

1.2.1 研究目标

本书的总体目标在于分析北京市居民食品消费现状及其趋势，重点掌握当前北京市居民的食品消费行为，为未来我国相关食品政策的制定与食品经济的发展提供了依据。

具体目标可分为：

（1）比较分析全国层面与北京市居民食品消费的基本情况。

（2）比较北京市与台湾地区居民的食品消费情况。

（3）研究北京市居民的食品消费行为。

1.2.2 研究内容

本书的研究内容具体如下：

（1）全国城乡居民食品消费水平及消费结构描述性分析。这 部分旨在提供一个研究背景，以便于对比分析北京市城乡居民的食品消费情况与全国城、乡居民食品消费情况。

（2）北京市城、乡居民食品消费水平及消费结构描述性分析。在全国城、乡居民食品消费水平及消费结构分析的基础上，这一部分深入研究了北京市城、乡居民食品消费水平及消费结构，旨在对比分析北京市与全国的情况。

（3）比较北京市与台湾地区居民的食品消费情况。台湾地区是我国的发达地区，台湾地区居民的食品消费情况可为全国所借鉴。

（4）北京市城、乡居民食品消费行为研究。这一部分是本书的重点，旨在掌握当前北京市居民食品消费行为的一些变化，这些消费行为包括食品网购、网络餐饮外卖、转基因食品的安全认知等。值得说明的是，这一部分讨论消费者行为所运用的数据无法通过公开途径来获得，因此我们采用调研的办法来获得研究所需要的数据，以弥补公开统计数据可能无法揭示的现象。

（5）主要结论与展望。这一部分是总结本书的研究内容，并指出研究的局限。

1.3 国内外研究述评

此处只是简要评述有关食品消费的研究现状，而不详细评述每个细分领域的研究文献，后者的工作主要放到各个具体章节中去阐述。

国外有关食品经济或食品消费的研究起步较早，但是我国近十年来的这类研究也逐渐与国外接轨，并接近同步。综合起来看，有关食品消费的研究主要集中在以下几个方面：

第一，研究食品的需求，尤其是各类食品之间的替代性或需求弹性，在这方面 AIDS 模型应用可能最为广泛。有关类似的研究文献不胜枚举，因本书并不讨论有关食品需求弹性等方面的内容，因而此处不综述有关研究文献。

第二，食品安全方面。随着社会经济的不断发展和人们生活水平的逐渐提高，消费者对食品安全问题得到了空前的关注。过去，媒体曾报道了大量的食品安全事件，而这些事件不仅引起了政界的高度关注，同时也吸引了大量学者的研究注意力。

在最近的十多年间，与前面研究不同的是，许多研究已将重点转向有关食品安全事件的媒体报道对消费行为影响的分析。按照考察时间长短，国外研究大致可分为两类：一类是研究消费者在较短时间内对食品安全事件媒体报道的反应。例如，Verbeke（2003）在研究比利时牛肉消费时发现，牛肉消费下降的主要原因是当时媒体曝光了“疯牛病”的暴发。NPD Group（2006）指出，发生在日本鸡群的第三例禽流感报道导致消费者特别大的反面回应，因为农民掩盖了他的鸡群被感染的事实，而继续向消费者供应鸡蛋和鸡肉。同类研究还有Alexander（2007）、Jin和Mu（2012）等。另一类是研究消费者对较长一段时间内对有关食品安全事件的媒体持续报道的反应。Piggott和Marsh（2004）运用构建广义近似理想需求系统（GAIDS），探讨了食品安全信息和需求之间的关系。他们针对牛肉、猪肉和禽肉安全，建造一个季度指标，搜集50种英语全球英文报纸有关报道数量，并将其作为一个影响因素。他们发现，公众对食品安全的警惕性提高使得人均牛肉、猪肉和禽肉消费量分别减少2.21%、0.99%和6.88%。类似的研究还有Barreira等（2005）、Mazzocchi等（2006）、Beach等（2008），等等。总之，已有研究发现，有关食品安全事件的媒体报道越多，消费者的购买量下降越多（Robert et al.，2008，Verbeke & Ward，2001）。

另外，一些研究还发现，不同性质的食品安全事件给消费者带来的影响可能具有差异。一些食品安全事件所带来的影响可能是暂时的和突发性的；而另一些则可能具有长期性和累积性（Marks et al.，2004）。例如，食品污染物（如二噁英、沙门氏菌和大肠杆菌等）所致的安全事件容易引起短期的急剧的影响，而不是持续相当长的一段时间。Dahlgran和Fairchild（2002）发现，沙门氏菌污染的负面宣传抑制了对鸡肉的需求。但是，其经济影响较小，价格只下降了1%。

因为消费者可能很快就忘记了这些负面的宣传，并恢复到过去的消费水平。Van Ravenswaay 和 Hoehn（1991）发现，在美国引起广泛关注的某种化学药品用于苹果生产，以提高光泽度的事件曾经让苹果的消费量大幅下降，并且持续多年。

在国内方面，早期我国许多学者的研究主要集中在食品安全或特定食品（如有机食品、生鲜食品、转基因食品和可追溯食品等）的认知和购买行为上。这类文献主要是研究消费者对特定食品的认知水平、购买行为及支付意愿，而在测度消费者支付意愿时大多采用 CVM 方法设计问卷，然后采用 Logit 或 Probit 模型进行估计。具体来说，现有文献主要探讨了影响消费者购买的因素。这些因素大致包括消费者的人口学特征、对食品安全信息的了解程度、对健康信息的关注度等（何坪华等，2007；韩杨、乔娟，2009；王锋、傅泽田等，2009；张莉侠、刘刚，2010；吴林海、徐玲玲，2010；马琳、顾海英，2011；祁胜媚、杜垒、蒋乃华等，2011；孙黎黎和姜会明，2012；张文胜，2013；朱淀等，2013；刘增金、乔娟、李秉龙，2013；吴林海等，2012，2013）。

然而，近年来随着我国食品安全事件的频发和我国互联网的飞速发展，许多文献开始关注食品安全事件、媒体报道与消费者购买行为之间的关系。已有研究发现，当食品安全事件发生后，由于风险和信任的改变，消费者的需求水平也会随之而变化。食品安全事件后，消费需求的恢复受许多因素的影响，包括消费者的知识了解、风险态度、信息搜集情况，以及对信息主体和信息途径信任程度（周应恒、卓佳，2010；全世文、曾寅初等，2011；曾伟、王志刚等，2012；王志刚等，2013；王二朋，2013）。

值得指出的是，虽然大多文献注意到食品安全事件对消费者的购买行为影响，但是并未从消费者视角讨论有关食品安全事件的媒体报道对消费者购买行为的影响，而只有少数文献有所涉及。例如，何坪华、焦金芝和刘华楠（2007）讨论了食品消费者关注食品安全事件的情况，研究发现，消费者对食品安全的关注度在不断提高，并对电视等渠道信息获取影响显著，但是消费者对事件信息的关注度仍有待提高。事实上，媒体的崛起已经成为我国现代社会的重要现象。对于媒体报道的经济作用，金融和公司治理研究领域近年来已经做了大量研究。在金融领域，文献大多关注媒体报道数量与股价之间的关系（饶育蕾等，2010；张雅慧等，2011；武帅峰等，2014）。在公司治理领域，李培功和沈艺峰（2010）、杨德明和赵璨（2012）、郑志刚（2007）的研究发现，媒体作为一种外部监督的角色，可以在公司治理中越到重要作用。媒体是一种有效的信息中介，通过影响经理人声誉和最终产品市场竞争，而最终达到促使改进公司治理的目的。然而，在一些转型经济中，因法制的不完善，媒体监督的功能会被弱化，此时只有行政治理介入才能发挥媒体的治理作用，因为前者在很多情况下可能比法律更为有效（罗进辉，2012；武帅峰等，2014）。

第三，在外饮食方面。随着人们收入水平的不断提高以及工作和生活节奏的加快，人们一日三餐在家中消费食品的习惯正逐渐改变，越来越多的消费者选择在外饮食消费。已有的许多文献都捕捉到这一现象，并分析其背后的真正原因，因而将收入水平和时间两个重要因素纳入到分析框架。这一研究工作突出贡献者当属 Becker（1965）所提出的 Becker 模型（又称“居民消费与生产模型”）。在该模型中，消费者的消费要实现效用最大化，其约束条件需要同时满足收入、时间与生产三个条件。之后，越来越多的学者加入该研究行列中（Prochaska & Schrimper，1973；Kinsey，1983；Redman，1980；McCranken & Brandt，1987；Yen，1993；Jensen & Yen，1996；Stewart & Yen，2004；Jennifer & Joseph，2008；Sanae & Deborah，2010）。

此外，另一些文献还研究了消费者的个人层面特征和家庭层面的特征对在外饮食的影响，这些特征包括年龄、性别、职业、岗位级别、种族、受教育程度、婚姻状况、家庭人口数、家庭人口结构等（McCracken & Brandt，1987；Redman，1980；Jensen & Yen，1996；Abdel－Ghany & Sharpe，1997；Kenneth & Scot，2009；Miaoru，Panagiotis & Steven，2013）。

近十多年来，类似的研究在我国不断出现。例如，Gould 和 Villarreal（2006）研究了我国 1992～1998 年城市居民在外饮食的消费情况，研究发现，在这一考察期间，我国城市居民的收入水平越高，消费者越愿意在外饮食。同类的研究还有 Min 等（2004）与 Gould 和 Villarreal（2006）。董晓霞、胡冰川和钟钰等（2008）运用 2000～2006 年城镇面板数据，分析了城镇居民在外饮食问题，研究结果发现，一方面我国城镇居民在外用餐消费水平快速增长，另一方面我国城镇居民在外用餐有明显的区域差别，具体表现为中部最少，东部与中部地区较高。在收入因素方面，低收入城镇居民在外用餐支出要明显高于高收入居民。纪成君等（2010）、郑志浩等（2012）分析收入分布结构及其变化对家庭在外饮食消费的影响。结果表明，增加居民收入（尤其是增加中低收入阶层居民收入）将明显增加全社会在外食品消费的支出和消费总量。闵师、白军飞和修长柏（2012）采集了我国北京、南京和成都三个大城市居民的家庭白酒消费和在外白酒消费数据，运用单方程和联立方程的方法，研究发现，人均收入与白酒消费量不是简单的线性关系，而是呈倒 U 形关系。徐秋艳等（2015）运用全国 31 个省、自治区和直辖市及东、中、西、东北地区 2000～2012 年的城镇居民在外饮食消费和可支配收入数据，通过价格指数进行平减后，研究表明，不同地区的可支配收入，以及前期消费对在外饮食消费的影响存在一定的差异性。

综上所述，前人的研究成果已经非常丰富，并且对相关问题有深入的讨论，这将为本书的研究提供借鉴。然而，这些讨论较少有利用调查数据针对北京地区的居民食品消费的讨论，本书力图在这方面弥补不足，丰富已有文献，并深化这方面的研究。

第2章

我国城乡居民食品消费水平及消费结构描述性分析：基于统计资料

本章对全国城乡居民平均消费水平进行比较分析，这不仅有利于我们把握全国的整体情况，而且可为后续章节的研究做好铺垫。

2.1 我国城乡居民恩格尔系数变化分析

2.1.1 我国城乡居民食品消费支出地位及变化

食品消费结构升级是居民食品消费支出水平达到一定程度上的必然结果，因此，要想了解和分析我国居民食品消费结构现状，就应该首先对我国居民消费总量进行分析，特别是我国居民食品消费支出地位及变化情况。表2－1显示了2002～2015年我国城乡居民食品消费支出情况。

表2－1 2002～2015年我国城乡居民食品消费支出情况 单位：元，%

年份	城镇居民			农村居民		
	消费支出总额	食品支出	占比	消费支出总额	食品支出	占比
2002	6029.9	2271.8	37.7	1834.3	848.0	46.3
2003	6510.9	2416.9	37.1	1943.3	886.0	45.6

续表

年份	城镇居民			农村居民		
	消费支出总额	食品支出	占比（%）	消费支出总额	食品支出	占比（%）
2004	7182.10	2709.60	37.70	2184.70	1031.90	47.20
2005	7942.90	2914.40	36.70	2555.40	1162.20	45.50
2006	8696.60	3111.90	35.80	2829.00	1217.00	43.00
2007	9997.50	3628.00	36.30	3223.90	1389.00	43.10
2008	11242.90	4259.80	37.90	3660.70	1598.80	43.70
2009	12264.60	4478.50	36.50	3993.50	1636.00	41.00
2010	13471.50	4804.70	35.70	4381.80	1800.70	41.10
2011	15160.90	5506.30	36.30	5221.10	2107.30	40.40
2012	16674.30	6040.90	36.20	5908.00	2323.90	39.30
2013	18022.60	6311.90	35.02	6625.50	2495.50	37.67
2014	19968.00	6000.00	30.05	8383.00	2814.00	33.57
2015	21392.50	6360.40	29.73	9223.00	3048.00	33.05

注：①由于2002年之前城镇居民食品消费支出数据缺乏，因此采用2002~2015年共14年的数据；

②表中数据没有剔除价格因素，后文其他相关数据同。

资料来源：《中国统计年鉴》（2002~2014）。

从表中分析可知：

（1）在2002~2015年我国城镇居民人均消费支出总额从6029.9元增长到21392.6元，增加15362.6元，增长了254.77%，年均增长约19.6个百分点；同期，食品消费支出从2271.8元增长到6360.4元，增加4088.6元，增长了179.97%，年均增长约13.84个百分点，慢于消费支出总额的年均增长速度。这说明我国城镇居民的年人均消费总量在上升、年人均食品消费支出也在上升的同时，食品消费支出在总量上的占比是不断下降的，在一定意义上讲，我国城镇居民的饮食消费结构在不断调整，生活水平在不断上升。

（2）我国农村居民人均消费支出总额从2002年的1834.3元增长到2015年的9223元，增加7388.7元，增长了402.81%，年均增长30.99

个百分点；食品消费支出从 2002 年的 848 元上升到 2015 年的 3048 元，增加2200 元，增长了 259.44%，年均增长约 19.96 个百分点，同样慢于消费支出总量的增长速度。这说明我国农村居民的消费水平在不断上升，食品消费结构在不断完善调整的情况下生活水平在不断提高。

（3）从城乡居民比较的角度看，我国城镇居民人均消费支出总额的年均增长速度为 19.6%，而我国农村居民的年均增长速度为 30.99%，远快于城镇居民消费的增长速度，这说明城、乡居民消费支出总额在不断缩小，同时也说明近年来国家通过经济刺激计划、不断扩大内需以及“三农”政策等政策上的扶持，我国农村居民的生活消费支出水平得到了迅速提高，农村居民极大的内需被逐步且有效地释放出来并依然有巨大的发展空间。

另外，在人均食品消费支出上，我国城镇居民的年均增速为 13.84 个百分点，而我国农村居民年均增速为 19.96 个百分点，同样高于城镇居民增长水平。尽管我国农村居民仍然还将收入的相当部分用于食品支出以满足生活需求，但也更说明了我国农村居民的生活水平在不断提高，距离实现小康社会的目标越来越近。

2.1.2 我国城乡居民恩格尔系数变化及比较

在上文分析中，由于没有剔除价格因素，进行城乡生活消费支出及食品支出总量上的比较容易受到价格因素的干扰。因为同一种商品的价格在城镇和农村是有差距的，城镇的商品价格往往高于农村，因此，城镇的消费支出也会比农村高些，这种因素会对我们的分析产生误差。为了剔除这一因素的干扰，因此有必要引入恩格尔系数。恩格尔系数是居民食品支出占总消费支出的比值，一定程度上能够将价格因素消除，更具有准确性。图 2 - 1 是 1978 ~ 2015 年间我国城乡居民恩格尔系数变化情况。

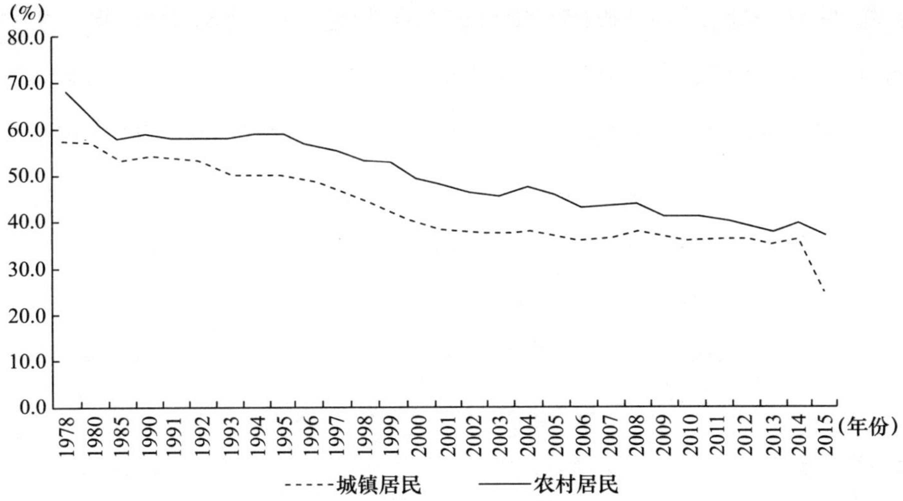

图2-1 1978~2015年我国城乡居民恩格尔系数变化情况

数据来源：历年《中国统计年鉴》。

利用恩格尔系数大小可以对消费者的消费水平进行分类，其中联合国粮农组织的分类具有权威性和通用性，表2-2为具体分类：

表2-2 恩格尔系数值与消费水平划分

恩格尔系数	消费水平
60%以上	贫困
50%~60%	温饱
40%~50%	小康
30%~40%	比较宽裕的小康
20%~30%	富裕
20%以下	特别富裕

资料来源：苏志军、徐醇厚：《消费经济学》，北京：中国财政经济出版社2005年版，第70页。

结合表2-2，从图2-1中可以发现：

（1）整体来看，我国城乡居民恩格尔系数呈缓慢下降趋势，从1994~2003年下降速度较快，2003年之后在波动中略微下降，但是总体趋势保持平稳，说明我国居民食品消费水平已经从单纯满足生活需要向注重食品消费结构转变。根据表 2－2 的划分标准，在 1996 年之前，我国城乡恩格尔系数皆处在 50% ～60% 之间，居民生活水平属于温饱型；到 2013 年，我国城乡居民恩格尔系数已经降到 30% ～40%，达到比较宽裕的小康标准，但是距离富裕水平还有一定差距，促发展、保增长依然是我国经济发展的重点。

（2）从城镇居民恩格尔系数角度看，城镇居民恩格尔系数从 1990 年的 54.2% 下降到 2015 年的 34.8%，生活水平由温饱型上升为比较宽裕的小康型。其中，又大致可以分为以下阶段：第一阶段是从 1990 年到 1995 年，恩格尔系数从 54.2% 下降到 50%，城镇居民达到了小康消费水平；第二阶段是从 1996 年到 2000 年，城镇居民达到了比较宽裕的小康消费水平；第三阶段则是从 2001 年至今，恩格尔系数在波动中平缓发展，略有下降，但仍未达到富裕消费水平。

（3）从农村居民恩格尔系数角度看，农村居民恩格尔系数从 1990 年的 58.8% 下降到 2015 年的 37.1%，生活水平同样由温饱型上升到比较宽裕的小康型。其大致可以分为三个阶段：第一阶段从 1990 年到 1994 年，恩格尔系数由 58.8% 上升到 58.9%，但仍然处于温饱型；第二阶段是从 1995 年到 2003 年，恩格尔系数经历了较快速度的下降，从 58.6% 下降到 45.6%，年均下降速度为 3.2%，生活水平从温饱型过渡到了小康型；第三阶段是从 2004 年至今，恩格尔系数在波动中下降，并逐步过渡到了比较宽裕的小康型水平。

（4）从城、乡恩格尔系数比较角度来看，总体上我国城镇恩格尔系数在各时期均低于农村恩格尔系数，这说明我国城镇居民的生活水平高于农村居民。但是，仔细分析可以发现，它们二者之间数值差距在不同时间段表现出不同的特点。根据前面的分析，我们可以将城、乡恩格尔系数差距分为三个阶段：第一阶段是从 1990 年到 1991 年，两年中城乡恩格尔数值差分别为4.6个百分点和3.6个百分点，平均差距为4.1个百分点；第二阶段从1992年到2004年，城乡恩格尔系数保持较大差距，其中最大差距为1999年的10.5个百分点，平均差值为8.5个百分点，城、乡消费水平差距较高；第三阶段是从2005年到2015年，恩格尔系数差值逐步减小，并在2013年达到最小值，其平均差值为5.7个百分点。总体来说，城、乡居民恩格尔系数在逐步缩小，这也说明了我国居民总体生活水平在逐步提高和改善，全国居民基本达到了比较宽裕型小康社会，居民饮食消费的目标趋于一致，都在向着更健康、合理的饮食结构进行调整。

2.2　我国城乡居民饮食消费结构分析

2.2.1　我国城镇居民饮食消费结构

根据《中国统计年鉴》的分类，全国城镇居民购买食品可以分为粮食、蔬菜类、植物油、猪肉、牛羊肉、禽类、蛋类、水产品类、奶及奶制品类、瓜果及制品类及酒水类等，根据本研究目的及考虑其他各年份统计年鉴的统计口径，此处将猪肉、牛羊肉和禽类合为肉禽类（如表2－3所示）。

表2－3　1997～2014年我国城镇居民平均每人年均食品消费量

单位：千克

类别／年份	粮食	肉禽类	蛋类	奶及奶制品类	瓜果及制品类	蔬菜类	水产品类	酒水类
1997	88.6	25.5	11.1	5.1	52.1	113.3	—	9.6

续表

年份＼类别	粮食	肉禽类	蛋类	奶及奶制品类	瓜果及制品类	蔬菜类	水产品类	酒水类
1998	86.7	25.5	10.2	6.2	54.8	113.8	—	9.7
1999	84.9	26.7	10.9	7.9	54.2	114.9	10.3	9.6
2000	82.3	27.4	11.2	9.9	57.5	114.7	11.7	10.0
2001	79.7	26.5	10.4	11.9	59.9	115.9		9.7
2002	78.5	32.5	10.6	15.7	56.5	116.5	13.2	9.1
2003	79.5	32.9	11.2	18.6	57.8	118.3	13.4	9.4
2004	78.2	29.3	10.4	18.8	56.5	122.3	12.5	8.9
2005	77.0	32.9	10.4	17.9	56.7	118.6	12.6	8.9
2006	75.9	32.1	10.4	18.3	60.2	117.6	13.0	9.1
2007	78.7	31.8	10.3	17.8	59.5	117.8	14.2	9.1
2008	63.6	31.2	10.7	15.2	54.5	123.2	11.9	7.7
2009	81.3	34.7	10.6	14.9	56.6	120.5	12.2	8.0
2010	81.5	34.7	10.0	14.0	54.2	116.1	15.2	7.0
2011	80.7	35.2	10.1	13.7	52.0	114.6	14.6	6.8
2012	78.8	35.7	10.5	14.0	56.1	112.3	15.2	6.9
2013	76.5	32.5	10.4	11.7	57.6	113.8	14	7.0
2014	75.9	38.4	10.8	12.6	58.1	113	14.4	6.9

注：由于水产品类 1997 年、1998 年数据缺失，计算是从 1999 年开始。

数据来源：历年《中国统计年鉴》。

表 2－3 显示了 1997～2014 年我国城镇居民平均每人年均食品消费量。从表中分析可知：

（1）按时间序列分项考察，我国城镇居民平均每人年均粮食消费量从 1997 年的 88.6 千克下降到 2014 年的 75.9 千克，消费量减少 12.7 千克，下降 14.33%，年均下降 0.84 个百分点；肉禽类从 25.5 千克上升到 38.4 千克，消费量增加 12.9 千克，上涨 50.59%，年均上涨 2.98 个百分点；蛋类从 11.1 千克减少到 10.8 千克，消费量减少 0.3 千克，下降

2.78%，年均下降0.16个百分点；奶及奶制品类从5.1千克上升到12.6千克，消费量增加7.5千克，上涨147.06%，年均上涨8.65个百分点；瓜果及制品类从52.1千克上升到58.1千克，消费量增加6千克，上涨11.52%，年均上涨0.68个百分点；蔬菜类从113.3千克下降到113千克，消费量减少0.3千克，下降0.27%，年均下降0.02个百分点；酒水类从9.6千克减少到6.9千克，消费量减少2.7千克，下降28.1%，年均下降1.8个百分点。水产品类从1999年的10.3千克上升到2014年的14.4千克，消费量增加4.1千克，上涨39.81%，年均上涨2.34个百分点。

（2）综合比较以上分析，可以看出，粮食、酒水类消费量下降速度较快，分别下降14.33%和28.1%，而奶及奶制品类、水产品类和肉禽类的消费需求量上升较快，分别为147.06%、39.81%和50.59%，与此同时，虽然蛋类、瓜果及制品类和蔬菜类略有上升或者下降但是幅度并不是很大，三种食品的消费量基本稳定。

由此可以得出，我国城镇居民的饮食消费结构在不断调整和改善，单纯的粮食消费已经不能满足人们对饮食消费多样化，以及饮食需要更加健康和合理结构的追求。为了满足城镇居民对新的饮食消费结构的需求，应该增加对肉禽类、奶及奶制品类及水产品类等食品的供应，而对于蛋类、蔬菜类、瓜果及制品类等食品的供应已经偏向于饱和，对酒水类的供应应该略有缩减。城镇居民新的饮食消费结构已经显现，城镇居民的饮食消费已经从之前单纯的粮食、蔬菜消费为主的局面，向粮食、蔬菜类消费适量，肉禽类、奶及奶制品类、水产品类和瓜果及制品类消费逐渐上升，以及酒水类有所下降的局面转变。这不仅说明我国城镇居民的生活水平在不断提高，更能说明我国居民在进行食品消费以满足基本需求的同时，还注重饮食质量的改善和提高。

2.2.2 我国农村居民饮食消费结构

农村居民饮食消费结构的统计口径与城镇有所区别，基于研究目的和统计的方便，此处将研究重点集中在以下几类：粮食、肉禽及制品类、蛋及制品类、奶及奶制品类、瓜果及制品类、蔬菜类、水产品类、酒水类等。

表2-4 1997~2012年我国农村居民平均每人年均食品消费量 单位：千克

年份\类别	粮食	肉禽及制品类	蛋及制品类	奶及奶制品类	瓜果及制品类	蔬菜类	水产品类	酒水类
1997	250.7	—	4.1	1.0	—	107.2	3.8	7.1
1998	248.9	—	4.1	0.9	—	109.0	3.7	7.0
1999	247.5	—	4.3	1.0	—	108.9	3.8	7.0
2000	250.2	18.3	4.8	1.1	18.3	106.7	3.9	7.0
2001	238.6	18.2	4.7	1.2	20.3	109.3	4.1	7.7
2002	236.5	18.6	4.7	1.2	18.8	110.6	4.4	7.5
2003	222.4	19.7	4.8	1.7	17.5	107.4	4.7	7.7
2004	218.3	19.2	4.6	2.0	17.0	106.6	4.5	7.8
2005	208.8	22.4	4.7	2.9	17.2	102.3	4.9	9.6
2006	205.6	22.3	5.0	3.1	19.1	100.5	5.0	10.0
2007	199.5	20.5	4.7	3.5	19.4	99.0	5.4	10.2
2008	199.1	20.2	5.4	3.4	19.4	99.7	5.2	9.7
2009	189.3	21.5	5.3	3.6	20.5	98.4	5.3	10.1
2010	181.4	22.2	5.1	3.6	19.6	93.3	5.2	9.7
2011	170.7	23.3	5.4	5.2	21.3	89.4	5.4	10.2
2012	164.3	23.5	5.9	5.3	22.8	84.7	5.4	10.0

注：肉禽及制品类和瓜果及制品类由于前三年数据缺失，因此计算从2000年开始。

资料来源：《中国统计年鉴》（1998~2013）。

表2-4显示了我国农村居民平均每人年均食品消费量，从表中可

以看出：

（1）按时间序列分析观察可知，我国农村居民平均每人年均粮食消费量从1997年的250.7千克下降到2012年的164.3千克，减少86.4千克，下降34.5%，年均下降2.2个百分点；蛋及制品类从4.1千克上升到5.9千克，增加1.8千克，上涨43.9%，年均上涨2.7个百分点；奶及奶制品类从1千克上升到5.3千克，增加4.3千克，上涨430%，年均上涨26.9个百分点；蔬菜类从107.2千克减少到84.7千克，减少22.5千克，下降21%，年均下降1.3个百分点；水产品类从3.8千克上升到5.4千克，增加1.6千克，上涨42.1%，年均上涨2.6个百分点；酒水类从7.1千克上升到10千克，增加2.9千克，上涨40.8%，年均上涨2.6个百分点；肉禽及制品类从2000年的18.3千克上升到2012年的23.5千克，增加5.2千克，上涨28.4%，年均上涨2.2个百分点；瓜果及制品类从18.3千克上升到22.8千克，增加4.5千克，上涨24.6%，年均上涨1.9个百分点。

（2）从各类食品比较分析可以看出，我国农村居民食品消费中除了粮食和蔬菜下降外其他几类食品均呈上涨趋势，上升的几类食品中奶及奶制品消费量急剧上升，上涨430%，而上升较快的分别是蛋及制品类，上升43.9%；水产品类，上升42.1%；酒水类，上升40.8%；肉禽及制品类，上升28.4%；瓜果及制品类，上升24.6%。

（3）由此可以得出，伴随着我国经济迅速的发展以及政府惠农政策的完善和落实，我国农村饮食消费潜力得到了巨大的发挥，打破了传统上通常以消费粮食和蔬菜为主的局面，开始向着食品消费多元化以及食品消费健康化、合理化的方向发展。农村饮食消费结构中除了粮食和蔬菜类外，奶及奶制品类、蛋及制品类、水产品类、酒水类、肉禽及制品类和瓜果及制品类依然有十分巨大的发展空间，因此，增加农村中奶及奶制品以及肉禽及制品的供给，扩大农村畜牧业生产规模，大力发展水产养殖业和瓜果及制品种植业是新时期下带动农村居民饮食消费增长、饮食结构得到调整和完善的新的着眼点和立足点。

2.2.3 我国城乡居民食品消费比较分析

综合前面我国城镇居和农村居民的食品消费情况，我们可以看到：

第一，我国城乡居民对粮食和蔬菜的需求量都呈下降趋势。在考察期间内，我国城镇居民粮食消费量下降 11.1%，农村居民下降 34.5%，农村居民下降速度快于城镇居民；城镇居民蔬菜消费量下降 0.88%，农村居民下降 21%，农村居民下降速度仍然快于城镇居民。这说明传统上农村居民对粮食和蔬菜的依赖性更强，经过我国经济快速增长和农村居民生活水平的提高，农村居民的饮食消费需求得到了巨大的释放，因此下降较快；而根据全国城、乡恩格尔系数表看，城镇居民在 20 世纪 90 年代时期已经步入了小康水平，消费结构从那时起便开始慢慢改善，因此对粮食和蔬菜的依赖性没有农村那么强。

第二，我国城、乡居民的肉禽类、奶及奶制品类、水产品类、瓜果及制品类都呈上升趋势。在考察期间内，城镇居民的肉禽类消费上升 40%，农村上升 28.4%，城镇快于农村；奶及奶制品类城镇上升 174.5%，农村上升 430%，农村快于城镇；水产品类城镇上升 47.6%，农村上升 42.1%，城镇快于农村；瓜果及制品类城镇上升 7.7%，农村上升 24.6%，农村快于城镇。以上表明，我国城乡居民对肉禽类、奶及奶制品类、水产品类、瓜果及制品类的需求量都是上升的。从分类来看，城镇对肉禽类食品需求量大于农村，但是农村具有巨大的需求潜力；城乡对奶及奶制品类食品都具有很大的需求空间，尤其是农村对奶及奶制品类食品供应量的吸收空间非常巨大；城乡对水产品类需求增长速度相当；瓜果及制品类城镇略微上升基本稳定，农村需求量较大。

第三，我国城镇居民对酒水及蛋类的消费量呈下降趋势，而农村呈上升趋势。说明我国城镇居民走在饮食消费结构变化新趋势的前沿，饮食更加注重身体保健。同时，蛋类已基本成为城镇居民饮食生活的必需品，消费量基本稳定；而农村依然注重酒水文化，对酒水的需求量还有较大的上升空间，蛋类及制品依然为农村居民饮食消费所青睐。

总之看来，我国城乡居民对粮食和蔬菜的需求呈下降趋势，对肉禽类、奶及奶制品类、水产品类及瓜果及制品类都呈上升趋势，特别是对奶及奶制品类。对于蛋类及酒水类食品来说，消费需求在城镇呈下降趋势，而在农村呈上升趋势。

第3章

北京市城乡居民食品消费水平及消费结构描述性分析：基于统计资料

由于北京市是全国的政治中心和文化中心，且经济发达，其居民消费方式和消费结构往往能对周围地区居民起示范作用，因此对北京市城乡居民饮食消费水平和消费结构具有十分重要意义。北京市作为一个全国大都市，其城乡居民食品的消费水平和消费结构是怎样的，与全国平均水平相比有哪些共同之处和不同之处呢？本章旨在回答这些问题。

3.1 北京市城乡居民食品消费水平分析

3.1.1 北京市城乡居民恩格尔系数变化情况

图3－1显示了1990～2013年北京市城乡居民恩格尔系数变化情况。从图中可以看出：

（1）北京市城镇居民恩格尔系数大致经历四个阶段：第一阶段从1990年到1994年，恩格尔系数从54.2%下降到46.2%，是一个迅速下降阶段，城镇居民生活水平从温饱型向小康型过渡；第二阶段从1994年到1996年，三年恩格尔系数分别为46.4%、46.7%和46.6%，是一个平稳阶段；第三阶段从1996年到2006年，恩格尔系数从46.6%下降到30.8%，是一个大幅下降的阶段，并且城镇居民生活水平从小康型过渡到了比较宽裕的小康型；第四阶段从2006年至今，恩格尔系数在波动中处于保持稳定状态。

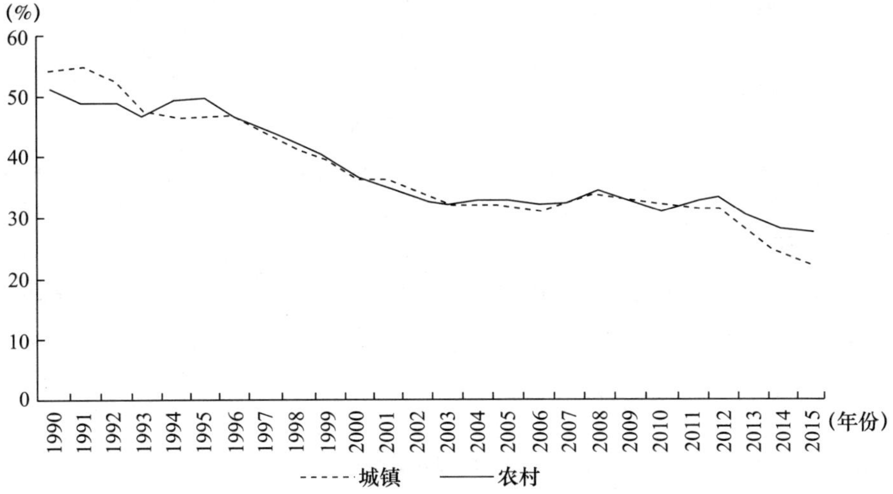

图3-1 北京市城乡居民恩格尔系数变化情况

资料来源：根据历年《北京市统计年鉴》整理。

（2）同样，北京市农村居民恩格尔系数也大致经历四个阶段：第一阶段1990年之前，这是北京市农村居民消费水平处于温饱型阶段。第二阶段是从1991年至1999年，恩格尔系数从48.8%下降到40%，居民生活水平从温饱过渡到小康水平；第三阶段从2000年至今，农村居民生活过渡到比较宽裕的小康水平。

（3）综合城乡比较来看，20世纪90年代初期，北京市农村居民恩格尔系数低于城镇，并且二者差距较大，但是总体来看，城乡居民恩格尔系数变化情况大体一致。

3.1.2 北京市城乡居民与全国居民的恩格尔系数比较

为更好地了解北京市居民与全国居民生活水平的差异，此处比较二者的恩格尔系数。全国居民城乡恩格尔系数在图 2－1 已经列出，此外不再重复显示。结合图 2－1 和图 3－1 来看，可以得出以下基本结论：

第一，北京城乡市居民和全国城乡居民的恩格尔系数变化情况大体一致，都呈下降趋势，并且在后面阶段基本都处于平缓波动状况。

第二，北京市城乡居民的恩格尔曲线与全国相比较低，说明北京市城乡居民的生活水平高于全国平均水平，在饮食消费习惯和饮食结构上具有一定带头示范作用。

第三，在考察期间内，北京市城乡居民和全国城乡居民的恩格尔系数都在大幅度下降，不过，北京市城乡居民恩格尔系数从温饱型过渡到小康型更加迅速，时间上更早一些。根据平均数性质，当某一数值低于平均数值时会把平均数拉低，这也说明了北京市城乡居民饮食消费水平的变化与全国相比更加提前，能够带动其他地区的饮食消费从而引领新的趋势。

第四，从全国城乡居民恩格尔系数的比较来看，我国城乡居民之间生活水平的差距较大；而北京市城乡居民之间差距的差距要小得多。这说明全国范围内城乡居民之间的生活水平差距较大，而北京市城乡居民比较富裕，农村居民收入水平也足以能够满足其对新的饮食消费结构的追求，从而也能够起到示范作用。

3.2 北京市城乡居民食品消费结构描述性分析

3.2.1 北京市城镇居民食品消费结构分析

对北京市城镇居民食品消费结构分析，本书主要侧重于以下几大类的分析：粮食、肉禽类、蛋类、奶及奶制品类、瓜果及制品类、蔬菜类、水产品类、豆类及豆制品类、酒水饮料类、在外饮食等。表3－1显示了北京市城镇居民饮食消费结构的变化情况。需要说明的是，由于历年统计年鉴相关统计数据的统计口径不完全一致，因此为了便于分析，此处对统计类别略有调整。

表3－1 1997～2013年北京市城镇居民饮食消费结构　　单位：元

类别 年份	粮食	肉禽类	蛋类	奶及奶制品类	瓜果及制品类	蔬菜类	水产品类	豆类及豆制品类	酒水饮料类	在外饮食
1997	267.40	618.00	82.20	100.50	225.30	260.90	130.00	40.70	172.40	444.30
1998	257.00	590.60	78.30	113.30	204.40	233.50	128.20	41.10	180.10	498.10
1999	244.10	540.40	78.00	142.50	223.50	248.00	131.00	41.40	189.70	572.30
2000	224.40	553.60	66.70	178.30	216.50	235.70	132.00	44.20	214.90	666.80
2001	220.40	566.60	69.60	198.80	232.20	236.60	144.30	45.80	224.70	749.60
2002	223.90	565.90	70.50	219.50	313.40	248.70	163.40	45.00	241.90	853.50
2003	224.10	575.00	71.80	256.00	313.00	266.60	160.90	38.20	246.50	829.70
2004	255.00	613.90	78.60	396.80	329.80	287.10	165.20	42.40	263.60	1058.60
2005	255.60	649.60	82.40	422.20	380.40	294.90	174.10	46.40	286.00	1147.40
2006	259.00	631.00	77.00	449.00	447.00	314.00	183.00	44.00	312.00	1320.00
2007	315.00	819.00	99.00	453.00	490.00	366.00	209.00	52.00	363.00	1175.00
2008	370.00	970.50	104.00	517.00	495.50	429.00	221.00	63.00	359.30	1407.00

续表

年份＼类别	粮食	肉禽类	蛋类	奶及奶制品类	瓜果及制品类	蔬菜类	水产品类	豆类及豆制品类	酒水饮料类	在外饮食
2009	361.00	902.00	106.00	549.00	562.60	441.00	246.00	68.00	448.20	1646.00
2010	409.00	910.00	120.00	591.00	646.00	531.00	251.00	78.00	480.00	1687.00
2011	441.00	1045.00	147.00	619.00	706.00	537.00	254.00	73.00	510.00	1832.00
2012	432.00	1085.00	147.00	679.00	773.00	583.00	296.00	73.00	591.00	2032.00
2013	448.40	1136.00	154.20	697.00	774.00	638.00	319.70	76.70	680.80	2207.00

注：2013年数据由于部分食品统计口径发生调整无法直接获得，因此根据各食品年均增长速度测算得出。

资料来源：根据《北京市统计年鉴》（1998～2014）整理。

从表3－1分析可知：

（1）按时间序列分析，在考察期间内，北京市城镇居民粮食支出从267.40元增加到448.40元，增加181.00元，上涨67.69%，年均上涨3.9个百分点；肉禽类支出从618.00元增加到1136.00元，增加467.00元，上涨83.82%，年均上涨4.9个百分点；蛋类支出从82.20元增加到154.20元，增加72元，上涨87.59%，年均上涨5.2个百分点；奶及奶制品类从100.50元增加到697.00元，增加596.50元，上涨593.5%，年均上涨34.9个百分点；瓜果及制品类由225.30元增加到774.00元，增加548.70元，上涨243.5%，年均上涨14.3个百分点；蔬菜类从260.90元增加到638.00元，增加377.10元，上涨144.5%，年均上涨8.5个百分点；水产品类从130.00元增加到319.70元，增加189.70元，上涨145.9%，年均上涨8.6个百分点；豆类及豆制品从40.70元增加到76.70元，增加36.00元，上涨88.5%，年均上涨5.2个百分点；酒水饮料类从172.40元增加到680.00元，增加507.60元，上涨294.4%，年均上涨17.3个百分点；在外饮食从444.30元增加到2207.00元，增加1762.70元，上涨

396.7%，年均上涨23.3个百分点。

（2）从名义支出上比较可知，在考察期间内，粮食支出的年均增长最慢，为3.90个百分点，而肉禽类、蛋类、豆类及豆制品类、蔬菜类、水产品类分别为4.90个百分点、5.20个百分点、5.20个百分点、8.50个百分点、8.60个百分点年均增长速度较慢；年均增长速度最高的是奶及奶制品类，为34.90%，而在外饮食、瓜果及制品类和酒水类增长速度也较快。这说明北京市城镇居民用在粮食、肉禽、蛋类、豆类及豆制品类、蔬菜类、水产类等食品上的支出增加额较少，而在奶及奶制品、在外饮食、瓜果及奶制品类、酒水等食品上的支出额上增加较多。

需要说明的是，尽管各类食品支出额增加速度有快有慢，但是由于分析中没有剔除物价因素的干扰，所以仍不足以说明北京市城镇居民的食品消费结构变化趋势。也就是说，即使某一种食品的支出增加额增长速度很快，但由于该中食品物价上升速度更快，该种食品的实际消费数量有可能是减少的。因此说，为了剔除物价因素的干扰，我们再引入比值法分析，即通过分析历年每一种食品的支出额占食品支出总额的比重来确定城镇居民对各类食品消费数量的变化。

因此，根据历年城镇居民食品消费支出总额数据，整理出表3－2。

表3－2　1998～2013年北京市城镇居民各食品占食品总支出比　　单位：%

类别 年份	粮食	肉禽类	蛋类	奶及奶制品类	瓜果及制品类	蔬菜类	水产品类	豆类及豆制品类	酒水饮料类	在外饮食
1998	9.0	20.6	2.7	4.0	7.1	8.1	4.5	1.4	6.3	17.4
1999	8.2	18.3	2.6	4.8	7.6	8.4	4.4	1.4	6.4	19.3
2000	7.3	18.0	2.2	5.8	7.0	7.6	4.3	1.4	7.0	21.6
2001	6.8	17.5	2.2	6.2	7.2	7.3	4.5	1.4	7.0	23.2
2002	6.4	16.3	2.0	6.3	9.0	7.2	4.7	1.3	7.0	24.6

续表

年份＼类别	粮食	肉禽类	蛋类	奶及奶制品类	瓜果及制品类	蔬菜类	水产品类	豆类及豆制品类	酒水饮料类	在外饮食
2003	6.4	16.3	2.0	7.3	8.9	7.6	4.6	1.1	7.0	23.6
2004	6.5	15.6	2.0	10.1	8.4	7.3	4.2	1.1	6.7	27.0
2005	6.1	15.4	2.0	10.0	9.0	7.0	4.1	1.1	6.8	27.2
2006	5.7	13.8	1.7	9.8	9.8	6.9	4.0	1.0	6.8	28.9
2007	6.4	16.6	2.0	9.2	9.9	7.4	4.2	1.1	7.4	23.8
2008	6.7	17.4	1.9	9.3	8.9	7.7	4.0	1.1	6.5	25.3
2009	6.1	15.2	1.8	9.2	9.5	7.4	4.1	1.1	7.6	27.7
2010	6.4	14.2	1.9	9.2	10.1	8.3	3.9	1.2	7.5	26.4
2011	6.4	15.1	2.1	9.0	10.2	7.8	3.7	1.1	7.4	26.5
2012	5.7	14.4	2.0	9.0	10.3	7.7	3.9	1.0	7.8	27.0
2013	5.5	13.9	1.9	8.5	9.5	7.8	3.9	0.9	8.3	27.0

资料来源：根据《北京市统计年鉴》（1998～2014）整理得出。

从表3－2可知：

（1）纵向看，在考察期间内，除了个别年份外，北京市城镇居民消费粮食的占比大致呈递减趋势。具体来说，从1998年的9%降到2013年的5.5%，平均每年降低0.22个百分点；同期，肉禽类支出占比也大致呈递减趋势，从20.6%下降到13.9%，平均每年降低0.4个百分点；蛋类支出占比比较稳定，几乎在2%左右摆动；奶及奶制品类在2004年之前是一种上升趋势，在2004年之后呈下降趋势，但依然基本在9%左右晃动；瓜果及制品类由7.1%增长到9.5%，呈稳定增长趋势，年均增长0.15个百分点；蔬菜类在2006年之前呈下降趋势，在2006年之后波动中有所回升，但占比基本稳定；水产品类略微下降，从4.5%下降到3.9%，中间基本在4%左右晃动；豆类及豆制品类从

1.4%降低到0.9%，下降0.5个百分点，略有下降；酒水饮料类从6.3%上涨到8.3%，年均上涨0.12个百分点；在外饮食从17.4%上涨到27%，上升9.6%，年均增长0.6个百分点。

（2）从各类食品比较来看，北京市城镇居民消费的粮食和肉禽类食品占比下降速度较快，豆类及豆制品类略有下降；瓜果及制品类、酒水类和在外饮食均成较快上升趋势；而蛋类、奶及奶制品类、水产品类和蔬菜类虽然有所波动但基本比较稳定。这说明北京市城镇居民的饮食消费中，粮食类和肉食类需求量在不断下降，瓜果及制品、酒水饮料类和在外饮食需求量在不断增加，其他如蛋类、奶及奶制品类、水产品类、蔬菜类需求量已经基本稳定，意味着这几类食品的消费在居民饮食消费结构中已经基本成熟，能够充分满足北京市城镇居民的饮食需求。

（3）与全国城镇居民饮食消费结构比较来看，粮食消费都呈下降趋势，瓜果及制品类都呈上升趋势，蛋类和蔬菜类基本稳定，都能够满足人们的生活；而对于肉禽类食品消费北京市城镇居民呈下降趋势，全国城镇居民呈上升趋势且上升较快；奶及奶制品类消费北京市城镇居民基本稳定，而全国处于上升趋势且上升较快；水产品类消费北京市城镇居民基本稳定而全国呈较快上升趋势。

3.2.2　北京市农村居民食品消费结构分析

与城镇居民食品消费的统计数据不同，北京市统计局公布了农村居民人均食品消费的实物量，单位为千克。因此，这里的描述性分析在计量单位上不同于前面的城镇居民食品消费。对于农村居民食品消费结构的分析，此外主要关注以下几大类：粮食类、肉类、蛋类、奶及奶制品、瓜果及制品类、蔬菜类、水产品类、豆类及豆制品类、酒水类等，表3－3显示了北京市农村居民食品消费结构的变化情况。

表 3－3　1997～2013 年北京市农村居民人均食品消费结构　　单位：千克

年份＼类别	粮食	肉类	蛋类	奶及奶制品类	瓜果及制品类	蔬菜类	水产品类	豆类及豆制品类	酒水类
1997	162.7	12.6	8.0	1.9	32.1	113.2	3.5	3.0	17.0
1998	167.6	13.4	7.5	2.7	33.0	96.0	3.6	3.7	16.0
1999	164.1	14.7	8.1	3.5	37.2	103.5	4.2	3.9	17.1
2000	141.4	15.2	9.1	6.0	37.9	106.1	3.8	5.0	17.9
2001	153.3	14.8	10.1	9.1	37.9	108.4	4.7	6.7	20.3
2002	153.8	16.3	10.1	13.9	37.7	107.9	4.6	17.4	27.5
2003	149.6	15.9	10.3	14.5	36.8	96.3	4.9	3.6	16.6
2004	123.1	15.5	9.4	13.2	34.4	88.7	4.1	2.7	16.5
2005	126.7	4.6	9.4	14.5	34.4	151.1	5.0	3.2	18.8
2006	112.3	19.1	9.2	14.6	36.2	89.1	5.1	3.4	20.4
2007	115.1	16.8	9.3	14.6	37.4	91.1	5.2	3.6	18.6
2008	107.0	16.3	10.3	11.5	36.3	99.1	4.9	3.7	17.0
2009	105.6	18.5	11.0	12.7	43.5	95.6	5.7	5.3	19.0
2010	105.1	17.5	10.5	11.3	39.7	97.9	4.9	5.1	15.8
2011	106.6	19.5	10.8	11.9	44.1	109.0	5.4	7.0	16.4
2012	102.3	19.1	11.1	12.5	46.7	100.5	5.3	7.0	16.1
2013	103	21.3	11.7	16.8	49.0	102.8	6.9	7.9	15.5

注：肉类不包括家禽。

资料来源：历年《北京市统计年鉴》。

从表 3－3 分析可知：

（1）北京市农村居民的粮食消费量较大幅度下降，从 1997 年的 162.7 千克降低到 2013 年的 103 千克，减少 59.7 千克，降低 57.96%，年均下降 3.41%；同期，肉类从 12.6 千克增加到 21.3 千克，增加 6.5 千克，增长 69.05%，年均增长 4.06 个百分点；蛋类从 8 千克增加到 11.7 千克，增加 3.7 千克，增长 46.25%，年均增长 2.72 个百分点；奶及奶制品类从 1.9 千克增加到 16.8 千克，增加 14.9 千克，增长784.21%，年均增长46.13个百分点；瓜果及制品类从32.1千克增加到49千克，增加16.9千克，增长52.65%，年均增长3.1个百分点；蔬菜类比较波动，但基本稳定；水产品类从3.5千克增加到6.9千克，增加3.4千克，增长97.14%，年均增长5.71个百分点；豆类及豆制品类从3千克增加到7.9千克，增加4.9千克，增长163.33%，年均增长9.61个百分点；酒水类在17千克上下波动，总体略有下降。

（2）从比较来看，北京市农村居民的粮食消费量下降速度最快，年均下降3.7%，酒水略有下降；消费量增长的几类食品中增长速度最快的是奶及奶制品类消费，年均增速46.13%，增长较快的为豆类及豆制品类、水产品类、肉类、瓜果及制品类和蛋类，年均增速分别为9.61个百分点、5.17个百分点、4.06个百分点、3.1个百分点、2.72个百分点，蔬菜类的消费量基本稳定。

（3）从城乡比较来看，粮食类消费城乡都呈下降趋势且下降幅度最大，瓜果及制品类消费量都逐步增加，蔬菜类消费量城乡基本保持稳定；在蛋类、奶及奶制品类以及水产品类消费中，北京市城镇居民消费基本稳定，而农村依然呈上升趋势；在肉类和豆类及豆制品类消费上，城镇居民有所下降而农村居民处于上升趋势；酒水消费上，城镇处于有所上升趋势，而农村则有所下降。

（4）与全国平均水平比较来看，二者大致相似，粮食呈下降趋势，肉类、蛋类、奶及奶制品类、瓜果及制品类、水产品类以及豆类及豆制品类皆呈上升趋势；但在蔬菜类消费上北京市农村居民消费量基本稳定而在全国则呈下降趋势；在酒水类消费上北京市农村居民消费数量呈下降趋势，全国则呈上升趋势。

第4章

北京市与台湾地区食品消费的比较分析

第2章和第3章分别介绍了全国和北京市的食品消费情况，这一章我们试图将北京市的情况与我国台湾地区的情况进行对比分析，同时将全国情况进行比对，以便把握全国的整体状况。台湾地区与大陆地区有相同的文化，尤其是饮食文化、饮食习惯等。不同的是，台湾地区人们的整体生活水平要高于大陆，不过，与北京市地区人们的生活水平相比，究竟如何？这需要我们进一步分析，这种比较分析是有较高的价值和启示，是非常有益的。

4.1 台湾地区经济基本情况

20世纪50年代以来，中国台湾地区经济开始起飞，在50年代至80年代间，台湾地区经济年均增长率超过9%，而被称之为“亚洲四小龙”之一。随后，台湾地区经济增长逐步放缓，但在20世纪90年代至21世纪初，台湾地区经济增长率仍然超过5%。经济发展支柱产业从过去的传统劳动密集型工业已经成功转到电子工业，至今台湾地区的电子产业仍在全球产业占有非常重要的地位。从目前的数据看，相比于工业来说，农业占比非常小，而服务业占比则非常高。据中国国家统计局资料显示，2015 年台湾地区农业、工业和服务业的比重分别为 1.9%、35.4% 和 62.6%。

表 4-1 显示了中国台湾地区主要年份经济发展指标。20 世纪 50 年代初台湾地区经济起飞时人均 GDP 才 208 美元，按世界银行的标准，台湾地区当时处于低收入地区行列。到 1976 年，台湾地区人均 GDP 已经达到 1150 美元，按世界银行的标准，台湾地区变为中等偏下收入地区。10 年后的 1986 年，台湾地区人均 GDP 已经达到 4143 美元，按世界银行的标准，台湾地区成为中等偏上收入地区。1995 年，台湾地区人均 GDP 已经达到 13326 美元，按世界银行的标准，台湾地区已经成功迈入高收入地区。到 2016 年，台湾地区人均 GDP 已经高达 23284 美元。

表 4-1 1952~2016 年中国台湾地区主要年份经济发展指标 单位：美元

年份＼类别	人均 GDP	人均收入
1952	208	207
1960	163	156
1970	396	371
1976	1150	1035
1980	2386	2139
1986	4143	3775
1990	8431	7672
1995	13326	11927
2000	15142	13379
2005	16930	14673
2010	19864	16650
2011	21507	17982
2012	21967	18125

续表

年份＼类别	人均 GDP	人均收入
2013	22526	18872
2014	23330	19724
2015	23131	19540
2016	23284	19626

注：按世界银行 2011 年公布的收入分组标准：①低收入国家：人均国民总收入（人均 GNI）低于 1025 美元。②中等偏下收入国家：人均国民总收入在 1026～4035 美元。③中等偏上收入国家：人均国民总收入在 4036～12475 美元。④高收入国家：人均国民总收入高于 12476 美元。

4.2 两岸居民粮食消费量比较分析

粮食消费一直是政府和学术界关注的重点领域，因为它涉及人们的基本生活和食品的获取水平。粮食在我国台湾地区与大陆有不同的外延，因此有必要说明。按照统计口径，在我国大陆地区，粮食包括谷物（主要指小麦、稻谷、玉米等）、豆类和薯类；而我国台湾地区“粮食”实际上仅指谷物（刘志雄、董运来，2012）。然而，大陆地区的统计资料只有近几年才公布了粮食中谷物、豆类和薯类细分数据，无法获取长时间的数据，因此，这给两岸的比较分析带来了困难。值得说明的是，台湾地区数据不分城镇和农村，因此本章的比较分析就用台湾地区数据分别与全国城镇、北京市农村和城镇地区数据进行对比。

不过，据国家统计局公布的信息所示，2013 年和 2014 年薯类的人均全年消费水平为分别为 2.3 千克和 2.2 千克，2013 年和 2014 年豆类的人均全年消费分别为 7.5 千克和 7.5 千克，因此薯类和豆类的人均全年消费之和大约为 10 千克。与之对比的是，近十年来我国大陆的人均全年粮食消费总量大约为 110 千克，薯类和豆类人均消费占粮食消费总量的比重仅为 1/10 左右。从这个角度而言，用我国大陆的人均全年粮食（包括谷物、豆类和薯类）数据与台湾地区的谷物数据进行对比，是有益的，不会严重影响分析的结论。

图 4－1 显示了 1986～2014 年两岸人均全年粮食消费量对比变化，从图中看出：

第一，总体来看，在考察期间内，台湾地区粮食消费人均全年消费水平比大陆地区人均全年粮食消费水平要平稳。

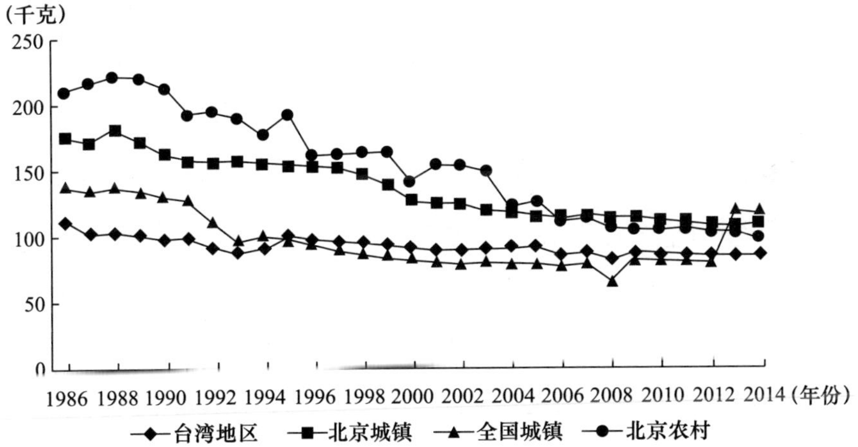

图 4－1　1986～2014 年两岸居民人均粮食年消费量比较变化情况

说明：北京市农村缺 1998 年数据。

资料来源：历年《中国统计年鉴》、《北京市统计年鉴》、台湾地区“农委会”统计资料。

第二，我国大陆改革开放后，无论是全国还是北京市地区，人均全年粮食的消费量都在显著下降，而且与台湾地区的人均全年粮食消费相比，20 世纪 80 年代大陆与台湾地区的消费差距较大，但这个差距随后日益缩小，换言之，两岸地区人均全年粮食消费量趋同。究其原因，主要在于改革开放后我国大陆地区，尤其是北京市地区，经济和社会的快速发展，人们生活水平不断提高，人们的食品消费结构也随之发生了较大的变化，变化之一就是主食消费量日益下降。

第三，进入 2010 年以后，北京市地区和台湾地区的人均全年粮食消费水平日益接近，其差异几乎可忽略不计。

4.3 两岸居民肉类消费量比较分析

一个普遍的规律是，当人们收入水平增长后，人们生活水平会逐渐得到改善，在食品消费具体方面表现为，人们粮食消费数量下降，而肉类的消费数量会逐渐上升。图 4－2 显示了 1984～2014 年我国两岸居民人均全年肉类消费量比较变化情况，从图中可以看出：

第一，在台湾地区方面，20 世纪 80 年代以来，台湾地区居民人均全年肉类消费呈现出迅速增加的趋势，在 1984 年台湾地区居民人均全年肉类消费为 52.76 千克，到 2000 年台湾地区居民人均全年肉类消费增长到 79 千克，在此期间，肉类消费增长幅度达到近 50%。

第二，在北京市地区方面，居民人均全年肉类消费量增长在 1994 年之前仍处于平缓状态，并不明显，在 1994 年以后，人均全年肉类消费量才开始呈现小幅增加的趋势，这可能跟当时市场经济和国企改革的大背景有关，而此时全国城镇居民肉类消费量平均水平仍处于缓慢增加。然而，由于地区发展不平衡、贫富差距等原因，这段时间的全国城镇居民人均全年肉类消费水平与上期相比，仅在增长量上呈现出小幅增加，而增长率同比缓慢。

第三，进入21世纪以来，台湾地区居民的人均全年肉类消费表现出水平状态，有的年份甚至还出现下滑，而北京市城镇居民仍始终保持稳定增长状态，与台湾地区居民的消费量差异在缩小，甚至在2013年北京市城镇居民的人均全年肉类消费超过了台湾地区居民的人均全年肉类消费。

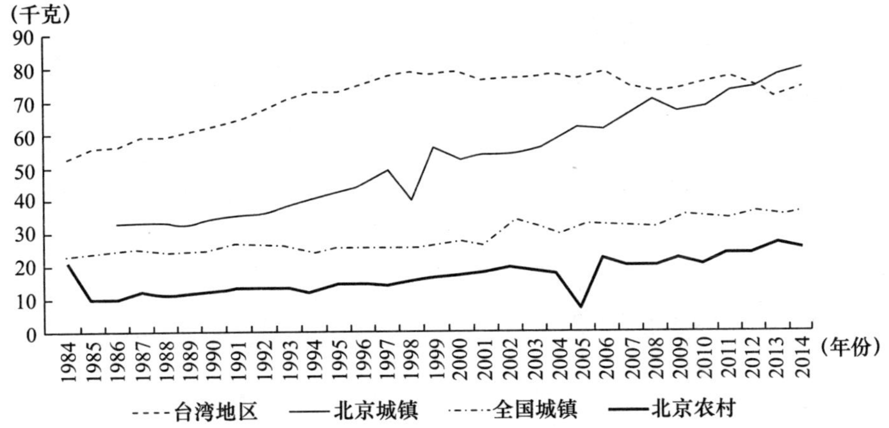

图4-2　1984~2014年两岸居民人均全年肉类消费量比较变化情况

说明：此处的肉类数据包括猪肉、牛羊肉和家禽肉。

资料来源：历年《中国统计年鉴》、《北京市统计年鉴》、台湾地区“农委会”统计资料。

4.4　两岸居民水产品消费量比较分析

由图4-3我们可以发现，台湾地区居民的水产品消费量占比呈现出下降趋势，而北京市和全国平均水平虽然在1998年和2003年偶有波动，但是整体还是呈现出逐渐增加的趋势，并且在逐年缩小与台湾地区水产品消费量的差距，北京市城镇居民的水产品消费量增长最快，以 1986 年北京市城镇居民的消费量 8.43 千克为例，至 2014 年消费量 23.41 千克，增长近 2 倍。另外，影响两岸水产品消费量的一个重要因素是台湾地区四面环海，居民对水产品的偏好可能会高于大陆地区，因此在水产品上的消费量可能相比较更高。

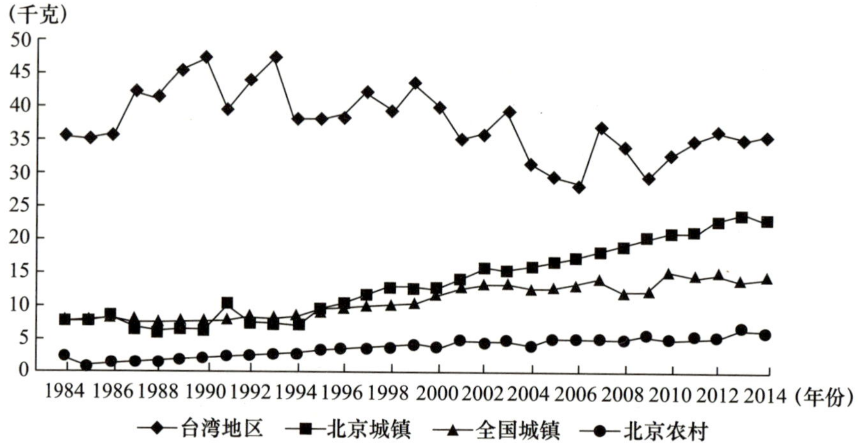

图 4－3　1984～2014 年两岸居民人均水产品年消费量比较变化情况

说明：北京市和全国的水产品数据采用的是 1998 年以前鱼虾类消费量的数据。

资料来源：历年《中国统计年鉴》、《北京市统计年鉴》、台湾地区“农委会”统计资料。

4.5　两岸居民植物油消费量比较分析

近二十年来，随着我国社会经济的持续发展和人民生活水平的不断提高，我国居民油脂消费量持续增长，其中，由于人们对油脂健康消费的重视，动物油脂食用消费量迅速下降，因此油脂消费量增长主要来自于植物油脂。下面的分析以植物油消费为例。

图4－4显示了1984～2014年我国两岸居民人均植物油年消费量比较变化情况。从图中可以看出：

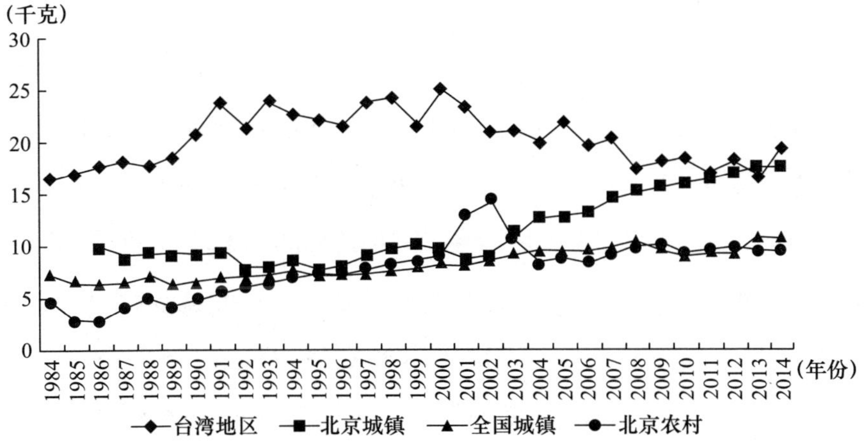

图4－4　1984～2014年两岸居民人均植物油年消费量比较变化情况

资料来源：历年《中国统计年鉴》、《北京市统计年鉴》、台湾地区“农委会”统计资料。

（1）台湾地区居民的植物油消费量趋势大概分为两个阶段：第一个阶段是1984年到1996年，这一阶段台湾地区居民的植物油消费量虽然有所波动，但总体呈现出逐年增加的趋势；第二阶段是1996年至今，台湾地区居民的植物油消费量表现出一定量的下降，但整体仍处于稳定的状态。其原因有可能是，按世界银行的标准，台湾地区1995年人均GDP已经成功迈入高收入地区，此时台湾地区居民更加注重生活品质和油脂健康消费，而主动减少了油脂的消费数量。

（2）北京市居民的植物油消费量走势刚好相反，在20世纪80年代到21世纪初，一直处于10千克左右消费量的平稳走势，在21世纪初开始逐年增加，并且逐渐缩小与台湾地区居民植物油消费量的差距。很明显可以看出，北京市城镇居民21世纪初至今的植物油消费走势与20世纪80年代台湾地区居民的消费量相似，而全国城镇居民植物油消费水平大致与北京市接近，但由于人均年可支配收入的差距，全国城镇居民平均植物油消费量增长缓慢，至今才达到10千克左右的消费量。

（3）按照2014年国务院印发的《中国食品与营养发展纲要（2014～2020年）》[①]，到2020年我国人均全年食用植物油消费量目标为12千克。对照这个标准，2014年我国城镇居民和北京市农村居民的人均全年食用植物油消费量没有达到国家的目标量，但是北京市城镇居民的人均全年食用植物油消费量早在2004年就超过了12千克，到2014年已达17.62千克，远超国家制定的目标量。

对比台湾地区来看，台湾地区人均全年食用植物油消费量早在1984年就已经超过12千克，近年来一直维持在20千克左右，而这与北京市城镇居民人均全年食用植物油消费量大致相当。

4.6 两岸居民蔬菜消费量比较分析

图4－5显示了我国台湾地区与大陆地区居民人均蔬菜消费量比较变化情况。从图中不难可以看出：

（1）台湾地区居民蔬菜消费量的变化总体可分为三个阶段。

第一阶段是1984年到1994年，蔬菜消费量表现出小幅下降，到

① 有关国务院印发的《中国食品与营养发展纲要（2014～2020年）》详细内容请见附件。

1994年人均蔬菜消费量仅为93千克。这一阶段是台湾地区由中等偏上收入地区向高收入地区迈入的阶段。

第二阶段是1994年到21世纪初期，这一阶段台湾地区居民蔬菜的消费量又呈现出一定程度的增长。

第三阶段是21世纪初期至今，台湾地区居民的蔬菜人均消费量稳定在100千克左右。

（2）北京市城镇居民人均蔬菜消费量的变化趋势与台湾地区大体一致，只不过所经历的区间不同，北京市城镇居民人均蔬菜消费量变化明显滞后于台湾地区，这跟当时大陆地区经济起步晚有一定关系。近年来，北京市城镇居民人均蔬菜消费量保持在110千克左右。

（3）在考察期间，北京市农村居民人均蔬菜消费量变化较大，但总体趋势是逐渐下降，尤其是2000年以来，北京市农村居民人均蔬菜消费量与台湾地区居民人均蔬菜消费量大致相当，甚至说，北京市农村居民人均蔬菜消费量比台湾地区居民人均蔬菜消费量略低。

（4）全国平均水平跟台湾地区和北京市又存在一定差别，从图中可以看出，全国城镇居民人均蔬菜消费量变化大致分为三个阶段：第一个阶段是20世纪80~90年代，这一阶段特征是全国城镇居民人均蔬菜消费量稳定在145千克；第二个阶段是20世纪90年代到21世纪初，这一阶段全国城镇居民人均蔬菜消费量呈现出下降趋势；第三个阶段是21世纪初至今，全国城镇居民人物蔬菜消费量稳定在110千克左右。

需要说明的是，按照2014年国务院印发的《中国食品与营养发展纲要（2014~2020年）》，到2020年我国人均全年蔬菜消费量目标为140千克。对照这个标准，2014年我国城镇居民和北京市农村居民的人均全年蔬菜消费量没有达到国家的目标量，而北京市城镇居民的人均全年蔬菜消费量要略高，但在2014年也只有113千克。

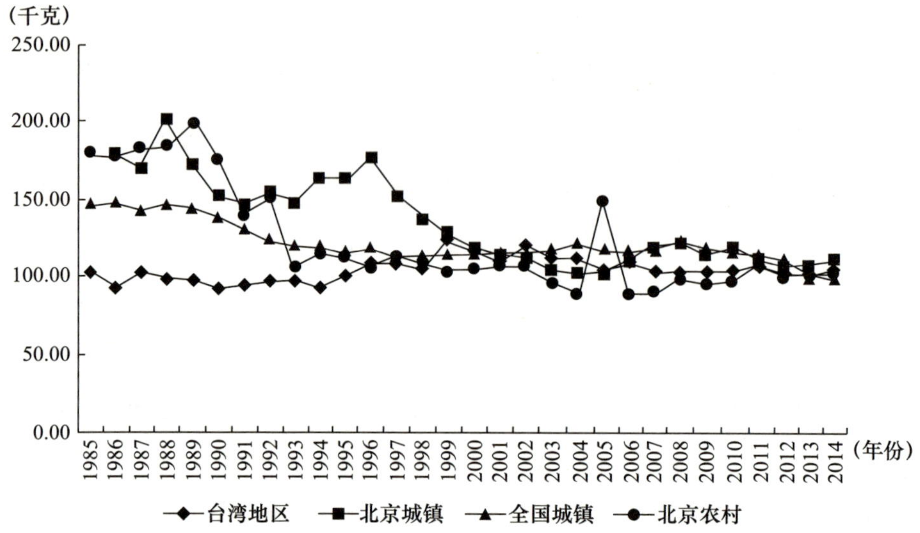

图4－5　1985～2014年两岸居民人均蔬菜消费量比较变化情况

资料来源：历年《中国统计年鉴》、《北京市统计年鉴》、台湾地区“农委会”统计资料。

随着社会经济的不断发展，消费者的蔬菜消费量会下降，同时通常会带来瓜果及制品消费的上升，因为二者均可补充其他食品不能补充的营养，例如维生素等，且二者具有一定的替代性。从统计数据来看，北京市农村居民与台湾地区居民的瓜果及制品消费数量仍有较大区别。但是，由于北京市城市居民的瓜果及制品消费数量不可得，因此无法与台湾地区居民的消费水平进行直接比较。不过，需要强调的是，台湾地区地处亚热带，一年四季都有瓜果及其制品，台湾地区居民更偏好瓜果及其制品，而北京市居民市则不然。但是随着经济的快速发展，北京市物流设施日益先进，这也使得北京市消费者在不同季节可购买到全国各地的瓜果及其制品，甚至是全世界上市的瓜果及其制品。

表 4-2　台湾地区与北京市居民主要年份经济瓜果及其制品消费指标

单位：千克

年份＼地区	台湾地区	北京市农村	北京市城镇
1982	71. 54	10. 38	56. 83
1993	144. 58	17. 31	56. 40
1997	150. 06	32. 10	67. 38
2010	127. 31	39. 7	*
2014	125. 99	52. 6	*
2015	121. 63	52. 1	*

注：*1997 年以后，《北京市统计年鉴》只公布了北京市城镇居民的瓜果及其制品消费金额，而没有消费数量。

资料来源：历年《北京市统计年鉴》、台湾地区“农委会”统计资料。

第3章

北京市城乡居民食品消费行为统计分析：基于问卷调查

前面章节的分析数据来源是国家和北京市公布的公开统计资料。虽然这些数据给我们提供了许多分析的素材，但是，由于政府的统计数据较为宏观和粗略，无法反映一些最新的变化，以及我们关心的重大问题。有鉴于此，利用调查数据来弥补以上不足，以深化对这一问题的认识。[①]

5.1　调查问卷和样本介绍

根据本书的研究目的，将北京市城乡居民食品消费行为问卷具体分为五个部分：①被调查者及其家庭基本情况。这部分主要包括被调查者的基本人口学特征，如年龄、性别、婚姻、就业等，而家庭方面主要包括家庭人口，家庭成员年龄、家庭收入、家庭食品支出、家庭聘用钟点工情况等。②食品购买情况，这部分主要包括食品购买场所、食品种类等。③在外就餐情况，主要包括在外就餐频率、网络订购外卖等。④食品安全认知情况，主要包括食品安全信息来源、对食品安

① 本章数据如无特别说明，均来自课题组的调研。

全状况的判断。⑤转基因食品认知和消费情况，这部分主要包括对转基因专业术语的了解、转基因产品的知晓和消费、转基因产品的消费意愿等。

为了准确描述北京市城、乡居民的食品消费行为和认知，课题组根据随机抽样方式和通过问卷星发放问卷，共发放 1320 份，回收有效问卷 1024 份。调查时间是 2014 年 12 月至 2015 年 7 月。问卷样本考虑到了各区县人口规模的差异，具体情况如表 5－1 所示。

表 5－1 北京市各区县问卷分配情况

	东城区	西城区	海淀区	朝阳区	丰台区	石景山区	昌平区	门头沟区
问卷（份）	57	93	267	119	79	55	207	7
比例（%）	5.57	9.08	26.07	11.62	7.71	5.37	20.21	0.68
	房山区	大兴区	通州区	顺义区	怀柔区	平谷区	密云区	延庆区
问卷（份）	19	36	37	24	9	6	7	2
比例（%）	1.86	3.52	3.61	2.34	0.88	0.59	0.68	0.20

资料来源：作者根据调查数据计算所得。

5.2 北京市城乡居民食品购买情况

食品购买情况是进行该研究应该了解的最基本情况，是进行北京市城乡居民饮食消费新趋势变化的基础部分。这部分内容主要包括北京市城乡居民食品消费月总支出情况、购买食品的种类和场所问题、网购情况、奢侈品及保健品消费情况等。

5.2.1 北京市城乡居民食品月支出情况

表5－2显示了北京市城乡居民家庭食品月总支出情况。居民家庭月食品支出所占比例最高的区间为1000～2000元，约占33.95%，所调查全部居民的月均食品支出额约为2339.5元，是全国平均水平1309.63元的约1.7倍，从这个意义上说，北京市居民的生活水平比较富足，在饮食消费上基本能够走在全国饮食消费的前头，能够为全国其他城市起到一定的带头示范作用。这也凸显了研究北京市城乡居民食品消费新趋势的重大意义。

表5－2 北京市城乡居民家庭食品月支出情况 单位：%

	总体样本	城镇居民	农村居民
1000元以下	14.73	12.13	27.78
1000～2000元	33.95	34.31	40.28
2000～3000元	27.6	28.55	19.44
3000～5000元	17.83	18.87	10.42
5000元以上	5.89	6.13	2.08

资料来源：作者根据调查数据计算所得。

此外，从城镇和农村居民家庭月食品支出分开看，可以看出，二者食品支出区间分布和整体情况相仿，最高的支出区间都为1000～2000元，占比分别为34.31%和40.28%。从比较来看，二者不同的地方在于，城镇居民家庭月食品支出第二高比例区间为2000～3000元，占比28.55%，而农村居民家庭为1000元以下，占比27.78%，同时，在两个比较高的支出区间上，城镇居民家庭所占比例明显高于农村居民，这些都能够说明城镇居民的生活消费水平高于农村。

5.2.2　食品购买主要场所及种类

根据当前的实际情况，我们将食品购买场所分为超市、农贸市场、便利店、上门小贩、路边摊、网上和其他等7类。另外，由于当前居民网购食品现象日益增多，本章还将重点对网购进行详细分析。

表5－3显示了北京市城镇和农村居民主要食品购买场所。从表中可以看出，在居民购买食品的场所中，超市占比最高达74.42%，其次为农贸市场，约占18.14%。虽然农贸市场列居第二，但比例远比超市要低，超市所占比例约为农贸市场的4倍，这说明超市是北京市居民购买食品最主要场所；网上购物约占5.27%，超过了传统上的便利店、路边摊和小贩，说明了网购正在成为一种趋势用于满足人们的日常生活需求。

这在城镇和农村购买场所的比较中还可以发现，城镇和农村的最主要购买场所都是超市，比例分别占到了75.65%和70.04%，尤其是农村的主要购买场所，更新了农村主要以市场和路边摊为主要购买场所的观念，同样说明了北京市农村居民消费水平的提高和消费观念的进步。同时，这里比较特殊的一个现象就是，在网购的比例中，农村竟超过了城镇，前者为4.59%，后者为7.64%，这或许和问卷调查数量和对象有关，但仍可以得出网购也逐渐成为农村居民的一种消费趋势。

之所以出现前面的现象，原因是与北京市特殊的城市地位有关。在我国，北京市的基础设施建设、人口，以及收入远超我国大部分地方城市，这些都是带动大型购物场所快速发展的最主要和最直接因素；同时，北京市居民的生活水平也同样影响着居民对购买食品场所的选择。一般来说，超市等大型购物场所的商品质量通常被认为高于路边摊和小贩的商品，这样在人们的收入足够满足人们的日常需求条件下，人们宁可多花钱也愿意去购买让自己使用放心的商品，这也同样反映了随着居民生活水平的提高，居民对食品安全的意识也在逐渐提高。根据调查问卷显示，网购之所以能够迅速发展，这与经常参加网购的群体十分相关，他们大多为“80后”，也是引领将来消费潮流的主体，网购的便利、便宜、质量保证和食品种类繁多等特征是网购成为他们青睐的主要因素。

表5-3　北京市城镇和农村居民主要食品购买场所　　单位：%

	超市	农贸市场	便利店	小贩	路边摊	网上
总体样本	74.42	18.14	1.55	0.16	0.47	5.27
城镇	75.65	17.76	1.60	0.20	0.20	4.59
农村	70.04	19.44	1.39	0.10	1.39	7.64

资料来源：作者根据调查数据计算所得。

表5-4显示了北京市城、乡居民食品购买种类比例分布。根据该表可以发现，被调查的居民中，购买食品最多的是蔬菜，占比约86.2%，也就是说，蔬菜几乎成为居民生活饮食中不可缺少的部分；肉类为68.37%，相比较前些年而言，肉类地位有所上升，一定程度上说明了居民生活水平和质量的提高；谷物占比为61.24%，与居民传统的饮食习惯中谷物必不可少相比较，谷物消费地位有所下降；其余蛋奶、豆类及豆制品占比分别为59.38%和42.64%，相比之前而言，说明北京市城乡居民食品消费更加注重饮食健康，食品消费种类搭配更加趋于合理。

从城、乡比较来看，也基本符合整体趋势，但除“谷物”和“其他”两项外，农村各食品消费比例都比城镇低一些。从这里我们可以看出，农村居民的食品消费水平与城镇相比还有些差距，食品的合理消费结构还有较大调整空间。

表5-4 北京市城、乡居民食品购买种类比例分布 单位：%

	谷物	蔬菜	肉类	水产	豆类及豆制品	蛋奶	其他
总体样本	61.24	86.2	68.37	33.64	42.64	59.38	5.58
城镇	55.86	86.22	70.62	32.16	42.32	54.90	4.23
农村	56.94	83.33	57.64	27.78	34.72	44.44	9.72

资料来源：作者根据调查数据计算所得。

5.2.3 网购食品情况

表5-5描述了北京市居民网购的食品分类基本情况。从表中可以看出，北京市居民从网上购买的前四种主要食品分别为粮油类、休闲类食品、婴儿食品、生鲜食品。具体如下：

（1）北京市居民网购食品频率最高的是粮油类，主要包括米、面和食用油等。通常来说，粮油类食品比较重，如果去实体店购买的话，需要消费者自提，而通过网购，则快递可提供送货上门服务，因此，出于方便的考虑，新潮的网购者可能不愿意到实体店去购买粮油类食品。毋庸置疑，尤其是对家庭主妇或老人来说，去实体店购买粮油类食品确实是一个不小的负担。

（2）排在第二的为休闲类食品。网上销售的休闲类食品不仅容易存放，而且种类繁多。这类食品的消费以年轻消费者（或小孩）为主，年轻人不仅爱吃休闲食品，而且能熟练使用网络来订购这些食品。

（3）北京市居民网购食品的第三大类为婴儿食品。购买婴儿食品的消费者年龄往往较小，可能更偏爱网购。网上销售的婴儿食品主要是奶粉和辅食。自从三聚氰胺事件以来，国家加大了对奶粉的管控力度，一些奶粉企业为保证消费者购买到正品，纷纷将奶粉放在网上销售，以保证对渠道的控制。同时，一些国外品牌的婴儿食品也在一些口碑好的网上进行销售。

(4) 生鲜食品为北京市消费者网购第四大类食品。可能的原因主要有：第一，北京市日益发达的物流为生鲜食品的配送提供了技术保障，这使得购买生鲜食品成为可能；第二，近年来，北京市消费者对生鲜蔬菜质量安全的担忧不断加剧，这催生了有机蔬菜网上销售；第三，随着网购的日益流行，许多口碑较好的公司逐渐在网上销售生鲜或冷冻海鲜或肉类食品，其中有的会以礼品券销售，然后在网上配送。

表5-5　北京市居民网购食品前四大类情况

休闲类食品	地方特产	方便食品	粮油类	调味品	保健品	婴儿食品	酒类	生鲜食品	早餐食品
165	107	62	346	75	80	164	47	125	49

注：表中数字表示居民网购食品的前三类问卷份数。

资料来源：作者根据调查数据计算所得。

5.2.4　奢侈品和保健品消费情况

从某种意义上来说，消费奢侈品和保健品反映了居民对生活品质和生活健康的追求。表5-6显示了北京市居民奢侈品保健品购买整体情况。从该表中可以看出：

(1) 被调查的居民大约半数是偶尔会购买奢侈品（如鱼翅、洋酒、超出正常价格的瓜果及制品等）和保健品，占比分别为46.67%和51.01%。

(2) 另有大约一半的消费者表示不会购买，分别占比47.75%和37.21%。究其原因，一方面是我国奢侈品和保健品通常价格比较高昂，这抑制了消费，另一方面是我国大部分消费者对保健品的功效仍不信任，这一点与发达国家的消费者喜爱保健品有所不同。

（3）表示“经常购买”奢侈品和保健品的比例分别为5.58%和11.78%，这说明仍有一定比例的消费者在长期消费奢侈品和保健品，尤其是后者。需要指出的是，本研究的调查没有反映出消费的保健品为国产还是进口。对于国产保健品市场来说，保健品良莠不齐，甚至某些保健品就名不副实。例如，某些新闻媒体报道一些老人长期服用保健品，尤其是超出家庭财力的非理性购买。不过，我们仍能看出北京市城乡居民在不断地提高自己的食品品质和生活水平。

表5-6　北京市居民奢侈品和保健品购买比例情况　　单位：%

		奢侈品	保健品
购买频率	经常买	5.58	11.78
	偶尔买	46.67	51.01
	不会买	47.75	37.21
购买主要目的	自己吃	59.94	64.2
	送亲戚朋友	29.67	30.37
	送老板客户	7.72	2.22
	其他	2.67	3.21

资料来源：作者根据调查数据计算所得。

（4）基于居民购买目的分析，可以发现，在被调查的居民中有相当部分购买奢侈品和保健品是自己吃，并非去送亲戚朋友和老板客户等。也就是说，为了保证自己的生活品质，大多数居民愿意去花钱购买奢侈品和保健品。尽管大多数居民还处于偶尔购买的阶段，但也能够充分说明，当前北京市城乡居民的生活水准在逐步提升。随着居民收入水平的进一步提高，相信北京市居民对奢侈品和保健品的追求还会进一步增加，这也同样是北京市居民食品消费结构变化的一个重要组成部分。

表5-7显示了北京市城、乡居民购买奢侈品、保健品情况。从表

中可以发现：

（1）从城乡分开看，无论是奢侈品还是保健品，城镇居民购买的比例都稍大于农村居民购买比例。例如，对于奢侈品，城镇居民购买比例之和为 5.93% +40.75% =46.68%，而农村购买比例之和为 1.39% +38.89% =40.28%，城镇比例高于农村比例。保健品类同。

（2）在“购买主要目的”当中，城、乡大部分居民是自己食用，说明奢侈品、保健品的消费在北京市城乡居民中逐渐成为一种趋势。

表 5－7　北京市城、乡居民购买奢侈品和保健品情况　　　单位：%

		城镇居民		农村居民	
		奢侈品	保健品	奢侈品	保健品
购买频率	经常买	5.93	10.98	1.39	4.17
	偶尔买	40.75	48.29	38.89	47.92
	不会买	52.12	40.73	59.72	47.92
购买主要目的	自己吃	63.50	63.96	50.00	61.33
	送亲戚朋友	22.72	32.28	37.93	29.33
	送老板客户	9.68	4.36	6.90	1.33
	其他	4.10	3.37	5.17	8.00

资料来源：作者根据调查数据计算所得。

综上所述，我们可以知道，北京市城乡居民的生活水平远远超过全国平均水平，家庭月均食品支出是全国平均水平 1.7 倍之多，这直接决定了北京市居民对食品购买场所和购买种类的选择。北京市城乡居民饮食中，食品安全和健康成为居民购买食品的重要影响因素，居民倾向于去产品质量有保证的场所购买食品，食品的选择比较丰富且搭配更趋于合理。网购成为新的消费趋势，但对于食品质量安全要求严格的产品，则仍倾向于实体购物场所购买。

5.3　北京市居民在外就餐情况

在外就餐情况是反映居民食品消费变化的又一主要特征。近年来，随着居民生活水平的提高和人们生活节奏的逐渐加快，在外就餐已经越来越成为北京市人们生活方式的重要组成部分。为了更好地反映这一现象，本研究对北京市居民在外就餐情况进行了调查，主要内容包括：在外就餐有无变化以及变化的原因、是否经常叫外卖、居民对美食点评及搜索软件的使用、是否经常参加团购及参加团购的原因等。具体如下。

5.3.1　在外就餐变化情况

根据调查问卷显示（见表5-8～表5-10），在外就餐没有变化的占比约为37.36%，而在外就餐数量减少的比例为25.43%，在外就餐机会增加的比例为37.21%，这三组数值大致相当。同样，这在居民叫外卖次数数据中也可以体现。而对于在外饮食发生变化的原因中，比例最高的为社交活动的变化，占比54.21%，其次为居民经济状况发生变化，约占比37.38%，再者，对餐馆质量不放心占比31.93%，排第三位，其余原因如业务发展变化、国家规定政策、其他原因等分别占比为14.36%、9.41%和3.95%。此外，根据表5-8、表5-9和表5-10，同样可以看出，城镇和农村在外就餐的比例分配情况基本和整体情况一致。

从上述分析可以看出，影响居民在外就餐的主要因素为社交活动变化、居民经济情况和餐馆质量因素。其中，随着食品安全事件频发，餐馆质量因素已经越来越受到居民的重视。从另一个角度来说，加强食品安全监管和提高餐饮服务质量是未来居民饮食发展的趋势之一。

表 5－8　北京市城乡居民在外就餐次数变化情况　　单位：%

	增加	减少	无明显变化
城镇	36.00	25.33	38.67
农村	36.11	23.61	40.28

资料来源：作者根据调查数据计算所得。

表 5－9　北京市城乡居民在外就餐次数变化原因情况　　单位：%

	社交活动变化	业务发展变化	八项规定等国家政策	居民经济状况变化	对餐馆质量不放心	其他原因
城镇	48.73	14.21	7.45	30.00	29.09	3.64
农村	47.67	15.12	5.81	38.37	36.05	5.81

资料来源：作者根据调查数据计算所得。

表 5－10　北京市城乡居民叫外卖情况　　单位：%

次数变化	增加	减少	无明显变化
城镇	37.14	25.82	37.04
农村	37.23	25.43	37.34

注：课题组将居民叫外卖也同样视为在外就餐。

资料来源：作者根据调查数据计算所得。

5.3.2　美食点评、美食推荐类手机软件使用情况

之所以调查美食点评、美食推荐类手机软件使用情况，是因为这能从侧面反映居民饮食消费对网络的依赖程度，这能够帮助我们认知美食软件的使用是否也能够成为居民饮食消费的一种新趋势。由于居民使用美食软件参加就餐消费大多会促使居民在外饮食消费，因此，

此处将其放在在外就餐部分。

表 5 – 11 显示了北京市居民使用美食点评、美食推荐类手机软件情况。从表中可以发现：①有 76.28% 的居民有使用过美食点评、美食推荐类手机软件进行就餐选择，也就是说，同网购相似，居民使用手机软件也同样成为一种居民进行饮食消费的新趋势。②从城镇和农村居民来看，分别有 63.58% 和 64.58% 的居民使用过美食点评、美食推荐类软件，二者并没有太大区别，也意味着农村居民同样逐渐形成了网购食品消费的新趋势。

表 5 – 11　北京市城乡居民使用美食点评、美食推荐类手机软件情况　单位：%

	是	否
总体样本	76.28	23.72
城镇	63.58	36.42
农村	64.58	35.42

资料来源：作者根据调查数据计算所得。

5.4　北京市居民食品安全认知情况

被誉为“史上最严”的新修订的《食品安全法》于 2015 年 10 月 1 日起正式实施。这不仅体现了国家在治理食品安全方面的决心，而且反映了消费者对食品安全的期盼。在全国上下都非常关注食品安全的大背景下，作为全国政治中心和文化中心的北京市，本地区居民对目前的食品安全状况有什么看法？本章试图通过问卷调查，回答上述问题。

近年来，国内有关食品安全认知的研究不少。例如，广州社情民意研究中心（2012）调查了广州居民食品安全满意度情况，结果表明，46%的居民表示不满意。汤金宝（2011）调查南京居民食品安全满意度情况，研究发现，52.3%的居民表示不满意。成黎等（2011）考察了北京市居民的食品安全满意度，分值为五点量表，平均得分为2.76，说明北京市居民的满意度较低。王俊秀（2012）的调查范围较大，覆盖了全国所有省区市（港澳台除外），结果显示，全国居民食品安全满意度在一般和比较满意之间。从笔者所接触的文献来看，王俊秀（2012）的研究结论相对比较乐观。然而，一方面，最近我国食品安全环境和消费者的安全意识已经发生了很大变化（例如《食品安全法》的颁布和修订大大提高了消费者的食品安全意识）；另一方面，2014年国内展开了有关转基因大米的讨论，其中北京市地区尤为激烈。因此，有必要对当前北京市地区消费者的食品安全认知进行调查，以期对这一问题研究的进一步深入。

这一部分旨在说明目前北京市居民对食品安全的认知度如何，主要用居民购买食品是否看包装标签、看哪些内容以及对绿色食品态度来反映，同时，我们也对北京市居民认为当前我国食品安全现状以及政府表现进行了调查分析。

5.4.1 居民购买食品时关注食品标签情况

食品标签是消费者初步了解食品相关信息的重要窗口。那么消费者是否关注食品标签，以及关注的重点是什么内容？这都是需要我们弄清楚的。

（1）是否关注食品标签。

表5-12显示了北京市居民对食品标签的关注情况。从表中可以看出：

第一，从总体样本来看，购买食品时北京市居民看标签的比例总和高达97.52%（含经常看和偶尔看），经常看标签的比例则高达71.32%，不看标签的比例仅占2.48%，这说明北京市居民购买食品时，对食品质量安全关注较高。

第二，对比城、乡居民来看，“经常看标签”的居民中，城镇和农村占比都很高，分别为68.49%和72.92%，而不看的分别仅占3.28%和2.08%。值得一提的是，“经常看标签”的居民中，农村居民所占比例比城镇居民所占比例要高；而在“不看标签”的居民中，农村居民所占比例则比城镇居民所占比例低。从数字表面来看，这似乎意味着农村居民比城镇居民更加关注食品质量安全。实际上，这是因为农村居民认为，他们在本地所能购买到的食品质量可能要低于城市地区，因此农村居民不得不提高警惕，包括看标签。

表5-12 北京市居民对食品标签的关注情况 单位：%

	经常看	偶尔看	不看
总体样本	71.32	26.2	2.48
城镇居民	68.49	28.22	3.28
农村居民	72.92	25.00	2.08

资料来源：作者根据调查数据计算所得。

（2）重点关注食品标签的内容。

食品标签内部繁多，消费者在购买包装食品时，会重点关注哪些内容呢？表5-13显示了北京市居民购买食品时，关注标签的具体内容情况。从表中可以看出：第一，总体来看，北京市居民购买食品时所看标签内容主要集中在产品生产日期或保质期、营养成分、品牌和价格上。第二，几乎所有购买食品的居民都会关注产品的生产日期或保质期，关注比例高达96.73%，原因在于，生产日期或保质期直接决定了食品是否还能被消费。同时，营养成分关注度也相对较高，占比约为71.7%，这反映出在生活水平提高以后，居民从过去满足吃饱转向吃好，吃出营养来。第三，从内容关注度的比较来看，居民关注生产日期或保质期所占比例，超过关注价格近55个百分点；而关注营养成分的比例，超过关注价格近30个百分点，这说明北京市居民购买食品最主要关注的并非是价格，而是产品的品质和营养，这进一步说明了北京市居民对食品安全、健康的意识很高。第四，北京市居民对品牌的关注度达46.65%。对于作为信任品的食品来说，普通消费者往往不具备鉴别的能力或条件，因而在很大程度上依赖于品牌的选择。

表5-13 北京市城乡居民购买食品时关注标签内容情况 单位：%

	生产日期或保质期	营养成分	口味	品牌	价格	外观	其他
总体样本	96.73	71.7	36.11	46.65	42.61	13.42	1.75
城镇居民	96.89	75.67	33.71	45.65	38.06	12.56	0.87
农村居民	96.53	65.79	38.19	48.61	46.53	13.89	3.47

资料来源：作者根据调查数据计算所得。

对比分析城、乡居民的关注差异，可以发现：第一，总体来说北京市城乡居民对食品标签内容关注的差异总体不大但个别方面也存在较大差异。例如，城、乡居民对生产日期或保质期的关注比例分别为96.89%和96.53%，但相差无几；对营养成分的关注比例约为75.67%和65.79%，两者相差约10个百分点，这说明城市居民更关注营养。第二，在价格关注方面，北京市城、乡居民的关注比例大约是38.06%和46.53%，两者相差约8.5个百分点，这说明农村居民较城镇居民更容易受价格因素影响，即价格仍然是影响农村居民食品消费的重要因素。

5.4.2　购买有机或绿色食品情况

有机或绿色食品被认为是绿色健康无污染的安全食品，通过对居民是否会特意购买有机或绿色食品的调查，一方面可以考察北京市居民的消费意愿，另一方面可以了解北京市城乡居民对食品安全的认知。

表5－14列出了北京市城乡居民是否愿意购买绿色或有机食品情况。从表中可以发现，虽然两个数值间并没有太大差距，但是仍然从一定程度上说明北京市城乡居民对绿色或有机食品有特殊的需求偏好，也就一定意义上可以说明居民对食品安全的关注较高。但通过比较发现，城镇居民特意购买绿色有机食品的比例为52.56%，而农村居民相对较低，只有48.61%，可以得出城镇居民比农村居民会更加注重食品的绿色健康，而农村居民选择购买在有机绿色食品上的观念仍然相对落后。

表5－14　城乡居民是否愿意购买绿色或有机食品情况　　单位：%

	是	否
总体样本	51.95	48.05
城镇居民	52.56	47.44
农村居民	48.61	51.39

资料来源：作者根据调查数据计算所得。

5.4.3　北京市居民对我国目前食品安全的信任情况

这部分主要目的是了解目前北京市城、乡居民对我国食品安全的评价以及对政府在食品安全方面的表现评价，通过这方面能够了解目前北京市乃至全国的食品安全状况，以及政府应该所具有的态度表现。

近年来，我国食品安全事件频发，严重损害了我国消费者的信心。此外调查了北京市城、乡居民对我国食品安全的信任情况，以及对政府在食品安全方面的表现评价。表5-15显示了北京市居民对当前食品质量安全的信任情况。从表中可以发现，总的来看，北京市居民对我国目前食品安全状况比较不满意，“非常信任”的比例仅为0.62%，比较信任也仅占到11.63%，而“一般信任”和“不太信任”比例较高，分别为42.17%和39.07%，甚至有6.51%的人完全不信任。这些数据至少说明两个问题：第一是我国的食品安全状况不尽如人意，消费者不太信任；第二是居民比较注意食品安全问题，因此越是对食品安全表示不信任，居民购买食品时往往越是看重食品质量安全。

表5-15　北京市居民对当前食品质量安全的信任情况　　单位：%

	完全不信任	不太信任	一般信任	比较信任	非常信任
总体样本	6.51	39.07	42.17	11.63	0.62
城镇居民	7.06	39.83	42.87	9.5	0.73
农村居民	6.94	34.03	45.83	13.19	0. 00

资料来源：作者根据调查数据计算所得。

进一步从城乡比较来看，可以发现：第一，就信任比例来讲，城镇居民各项信任加总之和（包括一般信任、比较信任和非常信任）小于农村居民；第二，就不信任比例来讲，农村居民各项不信任加总（包括完全不信任和不太信任）比例小于城镇居民。这从侧面说明城镇居民比农村居民更加关注食品质量安全。

表5-16显示了北京市居民对食品安全变化趋势评价情况。从表中可以看到，所占比例较高的分别是“有一定改善”和“没多大变化”两个方面，分别占比37.67%和24.50%。我们通过比较可以发

现，认为食品质量安全趋于改善的比例之和为46.35%，而认为没有改善的比例则高达53.65%，也就是说，总体上讲，我国在改善食品安全方面工作并没有令人们满意。但根据每一个方面数值，我们不能否认仍然有46.35%的人认为有了改善，因此说，我们可以这样认为，目前我国在改善食品安全状况上还不能令人满意，但是趋势是向好的方向发展的。

表5-16 北京市居民对食品安全状况变化趋势评价 单位：%

	改善很多	有一定改善	没多大变化	有一定退步	退步很多
城镇居民	8.68	37.67	24.50	16.12	13.02
农村居民	6.83	36.10	24.27	20.00	12.80
总体样本	13.19	38.19	26.39	13.19	9.03

资料来源：作者根据调查数据计算所得。

如果进一步从城乡居民的比较来看，可以发现，农村居民认为“改善”的比例大于城镇居民，其中，有13.19%的农村居民认为“改善很多”，这说明在我国食品安全变化趋势的判断上，农村居民比城镇居民更容易满足或者更持乐观态度。但就城镇居民来讲，认为食品安全退步的比例高于农村，城镇对食品安全要求更严格，也可以从侧面说明我国在食品安全方面做得还不够到位。

为更好地解决近年来层出不穷的食品安全问题，我国政府采取包括立法在内的多种措施。然而，北京市居民对我国政府的努力到底如何评价呢？表5-17显示了北京市居民对政府在改善食品安全方面所做工作的评价情况。从表中可以看出：①总的来说，认为政府在食品安全方面的表现有所改善的比例之和（包括“改善很多”和“有一定改善”，下同）为50.08%，而认为没有改善的比例为44.81%，另有

5.12%的人“不确定”。这说明政府在应对食品安全方面所取得的成效离消费者的要求还有一定距离。②然而，认为“有一定改善”的比例较高，为40.78%，这说明还是有相当部分人认为政府的表现在逐渐变好。因此，关于政府在食品安全改善方面的表现，我们可以总结为：总体上并不乐观，但政府所采取的措施仍得到消费者认可。如果从北京市城乡居民的比较角度来看，结论相似。

表5-17　北京市居民对政府在食品安全改善方面的评价情况　　单位：%

	改善很多	有一定改善	没多大变化	有一定退步	退步很多	不确定
总体样本	9.30	40.78	35.04	5.58	4.19	5.12
城镇居民	9.16	38.71	32.97	8.55	4.64	5.98
农村居民	9.03	43.06	31.25	4.86	4.17	7.64

资料来源：作者根据调查数据计算所得。

综上所述，根据以上内容，我们可以得出，北京市城、乡居民比较注重食品安全问题，这些在购买食品关注标签以及在购买绿色、有机食品上都有体现；北京市城、乡居民对我国的食品安全问题以及政府在应对食品突发事件表现上并不满意，但大体趋势上还是持比较乐观态度，从这一点上来说，政府及商家应该继续对食品安全方面做出努力。

5.5　北京市居民对转基因食品的认知和消费

将转基因食品纳入研究范畴之内，一方面是因为最近几年社会对转基因食品有许多讨论，因此我们想弄清楚民众到底是如何看待的；

另一方面是因为当前国内市场上已经有部分转基因食品销售。在这样的前提下，我们有必要了解北京市居民对其认知和消费态度情况，转基因食品能否在近年成为一种消费趋势，以及转基因食品该如何发展会更好等问题。

5.5.1　对转基因食品的基本认知

对于转基因食品的认知问题，问卷内容主要包括被调查对象是否听过转基因食品、听说过多久、从哪里听说以及听说过、食用过哪些转基因食品等。下面分别介绍各问题的具体调查情况。

表5－18显示了北京市居民是否听说过转基因食品调查情况。从表中可知：第一，总的来说，有95.97%的居民听说过转基因食品，其中59.61%的居民经常听说。这说明绝大部分北京市居民听说过转基因食品，同时也反映了近年来转基因食品在我国的发展速度之快。第二，从城乡居民比较来看，城镇和农村居民听说过转基因食品比例分别为92.30%和94.44%，这意味着农村居民听说过转基因食品比例稍高于城镇居民，这似乎有悖于常理判断。可能的原因是，农村居民通常要种植农作物，其中许多品种为转基因，而城镇居民中部分人可能不了解转基因。

表5－18　北京市居民是否听说过转基因食品调查情况　　单位：%

	是	否
总体样本	95.97	4.03
城镇居民	92.30	7.70
农村居民	94.44	5.56

资料来源：作者根据调查数据计算所得。

表 5－19 列出了北京市居民听说转基因食品的渠道。从表中可以发现：第一，电视广播和网络是居民听说转基因食品的最常见途径。因此，为了能让居民更好地了解转基因食品，让居民更多的懂得食品安全和食品健康的知识，应该充分利用电视广播和网络两个有效途径。第二，从城乡居民比较来看，城、乡居民从电视广播听说转基因食品的比例分别为 38.63% 和 40.2%，农村高于城镇，这说明电视和广播是农村居民获取有关转基因信息的最主要渠道。第三，通过网络渠道，城镇居民听说转基因的占比要高于农村居民，因此网络是城镇居民获得转基因食品相关信息的主要获取渠道。第四，在“不知道”转基因食品的选项上，城镇居民比例要高于农村居民。综上所述，为了加强对转基因食品的认知宣传，针对城镇居民和农村居民，政府或企业应该考虑如何利用不同的传播渠道来进行宣传。

表 5－19　北京市居民听说转基因食品的渠道　　单位：%

	电视广播	报纸杂志	网络	亲朋好友	其他	不知道
总体样本	39.26	7.9	38.13	6.46	6.46	1.78
城镇居民	38.63	8.06	39.21	6.27	6.27	1.56
农村居民	40.20	7.87	37.05	6.72	6.72	1.44

资料来源：作者根据调查数据计算所得。

表 5－20 显示了北京市居民听说过转基因食品的情况。从表中可以发现，总体来看，在近 10 种居民常消费的食品中，转基因大豆油及豆类及豆制品是听说的最多，占比分别为 74.26% 和 63.41%。原因在于，居民要经常购买食用油脂，而大豆油标签上往往会在显著位置标注是否为转基因大豆原料。另一些经常听说的转基因品种为瓜果及制品、番茄和玉米（粉），占比分别为 42.17%、44.19% 和 42.64%。

进一步从城、乡居民比较来看，在各类转基因食品关注比例排序当中，农村的转基因瓜果及制品占比超过玉米（粉），分别为41.67%和38.89%；而城镇居民则相反，转基因玉米（粉）占比超过瓜果及制品，比值分别为40.75%和38.39%。就玉米（粉）而言，北京市农村耕地面积较少，生产玉米大多自给自足，且大多为非转基因，城镇食用的玉米（粉）大部分是来自超市等购买，其中许多可能是转基因玉米加工而成，因此城镇居民对转基因玉米（粉）更了解；对于瓜果及制品，由于北京市山区较多，瓜果及制品大多商品化程度高，为了增加产量农民或许会较多关注转基因产品，因此对转基因瓜果及制品了解更多些。

表5－20　北京市居民听说过转基因食品情况　　单位：%

	大豆油	豆类及豆制品	番茄	玉米（粉）	瓜果及制品	大米（粉）	马铃薯
总体样本	74.26	63.41	44.19	42.64	42.17	29.61	28.06
城镇居民	73.24	58.91	43.37	40.75	38.39	26.85	23.85
农村居民	68.75	56.94	45.14	38.89	41.67	27.78	26.39
	小麦（粉）	棉籽油	大蒜	白菜	不知道	其他	上述都没有
总体样本	19.38	15.04	8.84	6.82	3.57	1.24	0.31
城镇居民	15.51	13.44	7.18	6.41	7.82	1.54	0.00
农村居民	22.22	13.19	9.72	6.25	2.08	0	2.08

资料来源：作者根据调查数据计算所得。

表5－21显示了被调查居民吃过的转基因食品情况。从表中不难发现，转基因大豆油、豆类及豆制品同样是被调查居民吃得最多的转基因食品，占比分别为45.58%和29.61%；另外，比值比较高的其他几种转基因食品同表5－21也类似，相对应的是瓜果及制品、番茄和

玉米粉也仍然是被居民食用过较多的转基因食品，占比分别为21.55%、25.58%和15.66%。综合表5－20和表5－21，在我国市场上，转基因的大豆油、豆类及豆制品、瓜果及制品、番茄和玉米（粉）是被听说过最多也是被食用最多的几种食品，也同样说明了，这些转基因食品在我国出现得较早，生活中出现范围较广，发展已经比较成熟。而其他几种转基因食品或者不为人所知，或者国内市场上还没有大量出现，没有深入居民饮食生活中。

表5－21　被调查居民吃过的转基因食品情况　　单位：%

	大豆油	豆类及豆制品	番茄	不知道	瓜果及制品	玉米（粉）	马铃薯
总体样本	45.58	29.61	25.58	22.95	21.55	15.66	11.16
城镇居民	49.09	31.56	26.25	24.42	19.92	17.78	11.77
农村居民	40.28	26.39	24.31	26.39	27.08	11.11	9.72
	大米(粉)	上述都没有	小麦(粉)	棉籽油	大蒜	白菜	其他
总体样本	9.61	6.67	6.2	4.65	3.72	3.57	1.09
城镇居民	8.43	6.17	6.06	4.87	3.29	4.22	1.32
农村居民	12.5	6.94	5.56	5.56	3.47	2.78	0

资料来源：作者根据调查数据计算所得。

此外，从比较来看，在城、乡居民吃过的转基因食品中排名第一的相同，为大豆油，占比分别为49.09%和40.28%；不同的是城镇居民吃过转基因食品中占比排名第二的是豆类及豆制品，占比31.56%，而农村居民则为瓜果及制品，占比27.08%；农村的豆类及豆制品占比26.39%，排名第三；城镇居民占比排名第三的番茄在农村居民占比排名中为第四，占比分别为26.25%和24.31%；城镇居民占比排名第五的玉米（粉）在农村居民中则排名第六，农村居民吃过转基因食品占比排名第五的为大米（粉），比值为12.5%；农村吃过的转基因食品占比排名第十的大蒜在城镇居民中则排名第十一，占比分别为

3.47%和3.29%，而城镇居民排名第十的则为白菜，占比为4.22%。二者的比较可以看出，北京市城、乡居民对转基因食品的食用有较大差别，或许和二者的基本饮食结构不同有关。同时转基因食品在我国还不规范，很多人对转基因食品的了解程度还不够。

5.5.2 对转基因食品的功能认知和消费

转基因食品与非转基因食品在味道和功能上可能有所不同，此处对转基因食品的功能主要侧重考察三个方面，即抗虫害功能、延长储存功能和改善营养功能。对转基因食品的功能认知和消费的研究主要包括对消费者的态度、是否愿意购买，以及当转基因食品价格比非转基因食品价格低5%时是否愿意购买等。

表5-22显示了北京市居民对几种不同的转基因食品接受态度情况。从表中可以发现：①总的来看，对具有不同功能的转基因食品态度并没有明显差异，而持中立态度的居民占较多数，占比分别为37.05%、32.71%和32.71%。换句话说，尽管在抗虫害功能转基因食品和改善营养的转基因食品中，持比较接受态度的居民比例也比较高，分别为22.64%和27.29%，从这里可以看出大多数居民对转基因食品持观望态度。②如果将各组态度进行加总，可以发现，对三种功能的转基因食品态度加总之和分别为29%（对抗病虫害持“完全接受”和“比较接受”态度之和，下同）、20.15%和33.65%，因此并不能充分说明被调查的居民持“接受态度”。同样，我们也找不到足够的数据来说明持“反对态度”。综上所述，北京市城、乡居民对具有新功能的转基因食品并没有清晰态度。持保守观望态度的原因，一方面是很多居民对转基因食品还没有充分的了解，另一方面是科学界对转基因没有一致的结论。

表5－22　北京市居民对几种功能转基因食品接受态度对比情况　　单位：%

		抗病虫害	延长储存	改善营养
完全接受	总体样本	6.36	4.03	6.36
	城镇	6.64	3.9	6.39
	农村	11.11	4.86	8.33
比较接受	总体样本	22.64	16.12	27.29
	城镇	21.91	14.42	24.9
	农村	21.53	20.14	29.17
中立	总体样本	37.05	32.71	32.71
	城镇	38.51	33.5	34.42
	农村	35.42	33.33	30.56
比较反对	总体样本	16.59	25.27	17.21
	城镇	19.79	28.18	19.04
	农村	14.58	20.83	15.28
完全反对	总体样本	10.23	17.98	12.09
	城镇	10.76	18.44	13.17
	农村	11.11	15.28	11.81
不知道	总体样本	7.13	3.88	4.34
	城镇	2.39	1.56	2.09
	农村	6.25	5.56	4.86

资料来源：作者根据调查数据计算所得。

进一步从城、乡对比来看，对于三种功能的转基因食品持“接受”态度（含“完全接受”和“比较接受”）的群体，农村居民占比普遍高于城镇居民。例如，“完全接受”态度一栏，农村居民对三种功能转基因食品占比分别为11.11%、4.86%和8.33%，都高于城镇的比例6.64%、3.9%和6.39%。同样可以发现，在持反对态度的占比中，城镇比例普遍高于农村居民，也就是说，在对具有新功能的转基因食品态度上，农村居民更倾向于持乐观态度。

表5－23显示了北京市居民是否愿意购买不同功能的转基因食品情况。同样，在总体样本中我们也可以发现和表5－22中相似的规律，

即被调查居民对是否愿意购买这些转基因食品并没有给出明确的态度，也可以说，由于不充分了解这些转基因食品因而不敢去购买，这也说明了居民对食品安全和健康的重视。而在城、乡情况对比中也发现了近似的规律，虽然城、乡对具有新功能的转基因食品持中立态度的比例仍然最大，但是不难发现，在非常愿意购买态度上，城镇居民在各项上占比为 4.99%、3.59% 和 5.40%，而农村居民占比为 7.64%、4.86% 和 6.94%，高于城镇居民；在反对态度上，城镇居民的比例则高于农村居民。因此，在购买态度上农村居民仍然比城镇居民偏乐观。

表 5－23 北京市居民是否愿意购买不同功能的转基因食品情况 单位：%

		抗病虫害	延长储存	改善营养
非常愿意	总体样本	5.43	4.03	6.05
	城镇	4.99	3.59	5.40
	农村	7.64	4.86	6.94
比较愿意	总体样本	15.81	12.56	20.47
	城镇	15.11	12.47	20.18
	农村	11.81	11.11	20.14
中立	总体样本	43.41	31.94	41.71
	城镇	39.82	31.23	37.92
	农村	50.00	38.19	45.14
比较反对	总体样本	23.72	34.42	21.71
	城镇	27.66	35.09	24.68
	农村	18.75	29.17	18.06
完全反对	总体样本	11.63	17.05	10.08
	城镇	12.42	17.61	11.83
	农村	11.81	16.67	9.72

资料来源：作者根据调查数据计算所得。

为了进一步明确居民对具有新功能转基因食品所持的态度，特意假设转基因食品价格降低，看在价格的优势下是否能改变居民对转基因食品的喜好，同时，又将居民态度选项由 5 项变为“是”和“否”

两项，以便能更好地明确分析出其真实态度（见表 5－24）。

表 5－24　北京市居民对价格比非转基因食品低 5%时的购买态度比较　　单位：%

		抗病虫害	延长储存	改善营养
是	总体样本	34. 42	26. 2	39. 22
	城镇	30. 44	24. 42	36. 19
	农村	36. 11	27. 08	40. 97
否	总体样本	65. 58	73. 8	60. 78
	城镇	69. 56	75. 58	63. 81
	农村	63. 89	72. 92	59. 03

资料来源：作者根据调查数据计算所得。

为了进一步明确居民对具有新功能转基因食品所持有的态度，此外采用学界常用的支付意愿方法（仇焕广、黄季焜、杨军，2007；Grimsrud 等，2003；IFIC，2004），假设转基因食品价格降低 5% 后，居民是否愿意转而购买转基因食品。从表 5－24 可以看出，总的来看，尽管具有新功能转基因食品的价格比非转基因食品具有优势，但大部分居民仍然不愿意去购买，这说明了北京市居民对转基因食品大部分持否定态度。同时，这也验证了前面的结论。

如果进一步就城、乡比较来看，北京市城镇居民对三种不同功能的转基因食品持否定态度仍占相当大的比例。例如，城镇居民对三种功能的转基因食品持否定态度比例分别为 69. 56%、75. 58% 和 63. 81%，而农村居民持否定态度比例分别为 63. 99%、72. 92% 和 59. 03%，仍然是城镇高于农村。也就是说，在具有三种不同功能的转基因食品价格比非转基因食品低 5% 时，大部分城乡居民仍不愿意购买。不过，总体来看，农村居民对转基因食品更乐观。总之，价格因素并非影响居民选择转基因食品的主要因素，而食品质量情况、是否健康则仍是居民购买食品所考虑的主要因素。

从表5－24可以看出，通过对调查问卷问题的修改，在这组总体样本数据中可以发现，尽管具有新功能转基因食品的价格比非转基因食品具有优势，但大部分居民仍然不会愿意去购买，这也就说明了北京市城乡居民对转基因食品是持否定立场的。也就是说，转基因食品的消费并没有形成一个新的居民饮食消费趋向。

5.5.3 对转基因食品标签制度的认知

为了更好地保证居民饮食消费的健康和安全，同时也为了更好地完善国内食品市场的制度建设，对于转基因食品，我们认为是否要贴标签进行调查分析，这部分内容主要包括：对转基因食品是否应该贴标签，以与非转基因食品相区别，我国目前转基因食品标签制度的现状是怎样的，等等。

表5－25显示北京市居民对转基因食品是否应贴标签态度的调查情况。从表中可以看出，全部样本中有87.13%的北京市居民认为应该对转基因食品实行标签制度，以区别于非转基因食品，这种态度是显著的，也说明北京市居民对转基因食品还持有保守怀疑的态度。

表5－25 北京市居民对转基因食品是否应贴标签的态度调查情况 单位：%

	是	否	不知道
全体样本	87.13	7.60	5.27
城镇居民	90.22	6.3	3.48
农村居民	86.81	8.33	4.86

资料来源：作者根据调查数据计算所得。

进一步从城、乡对比来看，城镇和农村居民认为转基因食品应该贴标签的占比分别为90.22%和86.81%，城镇高于农村，对转基因食品贴标签的要求更为强烈，也说明城镇居民在选择食品时更加谨慎，比农村更加注重食品安全和健康。

表5－26显示了北京市居民对国家是否实行转基因食品标签制度的认知情况。从表中可以看出，认为国家对转基因食品实行标签制度的居民占比为39.07%，认为没有实行的居民占比为23.41%，另外有37.52%的居民认为不知道。这三组数据之间相互差值并不是很大，没有太过明显的区别，同样说明了，北京市城乡居民对转基因食品标签制度还没有一个十分清楚的了解，也说明了我国对转基因食品标签制度建设和监管还很不完善。

表5－26 北京市居民对国家是否实行转基因食品标签制度的认知情况 单位：%

	是	否	不知道
全体样本	39.07	23.41	37.52
城镇居民	49.04	29.97	20.99
农村居民	36.11	20.83	43.06

资料来源：作者根据调查数据计算所得。

从城、乡居民的比较来看，49.04%的城镇居民认为国家已经对转基因食品实行标签制度，而在农村居民中只有36.11%的比例，同时，将近有43.06%比例的农村居民并不知道国家对转基因食品是否实行标签制度，也就是说，关于国家对转基因食品的监管及政策宣传还并没有很好地落实到城乡居民中去，尤其是农村地区，对转基因食品的了解更少，也是国家应该关注的主要方面。

综上所述，可以知道，被调查居民中绝大多数听说过转基因食品，但是对是否购买持相对保守态度，因此，北京市城乡居民对转基因食品的饮食还并没有成为一种消费趋势；大多数居民认为应该对转基因食品实行标签明示制度，且当前居民对转基因食品标签制度还并不是很了解。由于电视广播和网络是人们了解转基因食品的最主要途径，因此，为了更好地保证人们对转基因食品的认知和消费，国家应该加大对转基因食品的电视和网络宣传及解说力度，利用有效途径让人们能够充分了解转基因食品，并建立健全转基因食品的监管制度，从而保证转基因食品在国内市场的消费。

第6章

北京市城乡居民食品网购消费行为分析

电商的快速发展为人们购买食品提供了更为便捷和更为丰富的选择，尤其是在大城市，因为这里居民有着更高的收入，城市拥有更快捷的物流。本章将深入讨论北京市城乡居民的食品网购行为。

6.1 引言

20世纪90年代以来，随着建设中国通信网络基础设施的步伐加快和个人计算机的日益普及，中国互联网发展速度异常迅猛。据国家统计局公布的数据显示，2000年中国互联网上网人数约为2250万人，到2016年底，中国互联网上网人数约为73125万人，年均增长速度超过28%。在接入户数方面，互联网宽带接入用户数同样增长非常迅速。2005年中国互联网宽带接入用户数仅为3735万户，而到2016年底则猛增至29720.7万户，年均增长速度为26%（如图6－1所示）。

伴随着中国互联网，尤其是移动互联网的飞速发展，越来越多的消费者将网络空间作为重要的购物场所。根据中国互联网络信息中心（CNNIC）发布的《2015年中国互联网购物市场研究报告》的数据表

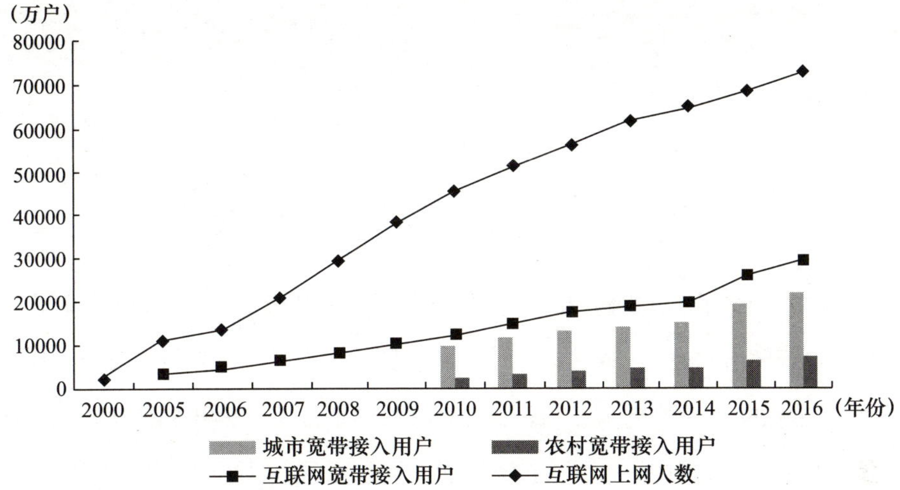

图 6 - 1　2000 年以来中国互联网发展情况

资料来源：根据《中国统计年鉴》(2015) 整理。

明，经过多年的快速发展，2015 年我国网购的人数已达到 4.13 亿，与 2014 年相比多了 5000 多万，同比增长 14.3%，高于 6.1% 的网民数量增长率。到 2015 年底，手机网物用户则高达 3.40 亿，比 2014 年增长 43.9%，手机网络购物的使用比例由 42.4% 提升至 54.8%。同时该报告指出，网购物品种类包括日常的服装百货、食品，甚至是贵重的珠宝等。其中，食品成为手机网络购物的新宠，排在大类中的第五位，这充分说明了人们购买食品的渠道正在悄悄发生变化。基于上述考虑，我们将研究食品网购消费行为。本章的贡献在于：①从研究内容来看，过去许多文献研究网购消费时，并没有聚焦于某一类商品，而本章则集中讨论食品类的网购；②从地域来说，许多文献的研究数据大多集中在全国层面，或二线城市（省份）层面，而北京市作为一线城市，物流发达，网购规模大，可作为一个典型地区来分析。本章将在这方面提供重要的经验证据，以丰富这方面的研究文献。

6.2 文献综述

在国外，由于互联网购物起步早，交易规模大，因而也较早引起了学术界的研究兴趣。过去，大多研究者集中于研究网络购买者与不购买者之间的一些差异，比如人口学特征、态度或动机等方面（Donthu & Garcia，1999）。已有文献研究发现，收入与互联网购买行为普遍具有正影响（Donthu & Garcia，1999；Li，Kuo & Russell，1999；Mathwick，Malhotra & Rigdon，2001；Colavito & Walze，2002；Punj，2011），可能的原因在于，较高收入水平的人群更重视时间成本，因而更倾向于互联网购买。另一些文献关注了个人及家庭的人口学特征在互联网购买行为的重要影响。例如，已有研究认为，年轻且受教育水平较高的居民会具有更强的上网偏好（Bellma et al.，1999；Card，2003）。Joines（2003）发现，更为年轻的且收入和受教育水平更高的男性用户更偏好网购。然而，Donthu 和 Garcia（1999）则发现，年纪越大且收入越高的消费者越偏爱网购。此外，另一些文献认为，性别在互联网购买决策行为中并不显著（Bhatnagar，2000；Tamimi et al.，2004）。类似的研究还有 Sultan 和 Henrichs（2000）、Naseri 等（2011）。

与国外文献类似，国内研究大多利用中国的数据对上述影响因素进行了实证分析。例如，大多数文献都认为，家庭收入对家庭或个人网购行为具有显著的正影响（李季，2003；曾凡斌，2013；陈彦如，2014）。然而，在另一些影响因素的分析中，许多文献仍存在争议。例如，有的文献认为，性别、年龄、受教育程度和收入对网购有显著的影响（程华，2003）。但是，杜振涛（2011）的研究则发现，人们的性别和婚姻因素对网购的影响并不显著。类似的研究还有包旭阳等（2016）、崔艳红（2016）、赵晓飞和高琪媛（2016）、王殿华和莎娜（2016）。

综上所述，在有关影响因素方面，目前有关网购的研究还存在一些争议，可能的原因有两方面。一方面，在不同时期，或不同国家或地区，影响消费者网购的因素所发挥的作用可能不同；另一方面，针对不同的网上购物对象，这些因素的影响显著性也不一样。例如，食品作为一种特殊的商品，人们在消费时往往会比较谨慎，那么，影响食品网购的因素究竟如何？这正是下面要集中讨论的问题，本章的研究将集中在食品类的网购消费方面，现有类似研究相对较少。

6.3 模型设计与数据描述性统计

6.3.1 模型设计与变量选择

借鉴前面讨论过的已有文献，本章的被解释变量为“是否网购过食品”，解释变量分为个人变量和家庭变量，具体变量如下（见表6-1）。

表6-1 变量的设计与赋值

变量定义	变量名称	变量赋值
被解释变量		
Online Shopping	食品网购	网购过=1，从不网购=0
个人基本特征		

续表

变量定义	变量名称	变量赋值
Gender	性别	男 =0，女 =1
Age	年龄及其平方	18 岁以下 =1，18 ~29 岁 =2，30 ~39 岁 =3，40 ~49 岁 =4，50 ~59 岁 =5，60 岁以上 =6
Marital Status	婚姻状况	已婚 =1，未婚 =2，其他 =3
Education	受教育程度	学前 =1，小学 =2，初中 =3，高中或职专 =4，大专 =5，本科 =6，本科以上 =7
	家庭基本特征	
County	区县	城区 =1，远郊区县 =0
Family Size	家庭规模	家庭常住人口总数
Income	家庭月收入	1. 3000 元以下；2. 3001 ~ 5000 元；3. 5001 ~ 10000 元；4. 10001 ~20000 元；5. 20001 ~50000 元；6. 50001 以上
Expenditure	家庭月食品总支出	1000 元以下 =1，1000 ~2000 元 =2，2000 ~3000 元 =3，3000 ~5000 元 =4，5000 元以上 =5
Loan	是否有住房贷款	否 =0，是 =1
Internet	家庭是否能上网	1. 是，2. 否
Senior	是否有 60 岁以上成员	否 =0，是 =1
Kids	是否有 14 岁以下成员	否 =0，是 =1
Trust	对我国食品质量安全的信任程度	1. 完全不信任；2. 不太信任；3. 一般信任；4. 比较信任；5. 非常信任

6.3.1.1　被解释变量

根据国家统计局对“网购”的界定，是指家庭在报告期内借助网络（包括家庭以外的网络）购买的商品或服务总额，且付款方式可以是网上进行的，也可以是网下（比如货到付款）进行。本章的因变量为“是否网购过食品”，“网购过”，赋值为 1，“从不网购”，赋值为 0，从而为二元选择变量。因变量记为 Online Shopping。鉴于被解释变量为二元选择变量，因此本章选择 Logit 回归模型，运用 STATA 软件来进行实证分析。

6.3.1.2　解释变量

在解释变量方面，我们将其分为两类：一类是个人变量，另一类是家庭变量。所有解释变量的具体名称及变量赋值如表 6－1 所示，下面具体讨论解释变量的作用机制。

在个人变量方面，变量包括性别、年龄及其平方、婚姻状况、受教育程度和对食品质量安全的信任程度。

（1）“性别”变量在消费行为研究中较早地得到关注。国外的许多研究证实，男性更偏爱网上购物，理由在于女性更为担忧网上出售的商品。但是，对于食品采购来说，在我国女性承担了主要任务，并且我国许多女性更偏爱紧跟时代潮流，因此预期女性在食品网购方面更为显著。

（2）“年龄”是人口学特征的另一重要变量。许多研究指出，年龄因素的影响是复杂的，现有文献没有一个比较一致的结论。考虑到我国互联网发展时间较短，因而引入平方项以考察年龄因素可能存在的非线性关系。

（3）“婚姻状况”的影响具有不确定性，原因在于：一方面，已婚消费者通常时间更为紧张，不仅要工作，相比未婚的消费者需要承担更多的家庭事务，这致使已婚群体可能更倾向于网购食品；然而，已婚消费者可能又不得不考虑整个家庭成员的营养健康，从而可能不愿意网购食品。另一方面，未婚消费者有可能会追求方便和简单，因而倾向于网购食品。

（4）在过去的许多研究中，消费者“受教育程度”的影响具有不确定性。然而，我国互联网发展历史短，对部分人来说是陌生的，因此需要具备一定的知识和经过一定时间的学习才能掌握和使用，鉴于此，预期“受教育程度”对网购有正的影响。

（5）近年来，食品质量安全一直受到广泛的关注，消费者如何评估食品的质量安全，以及是否影响网购。预期影响具有不确定性。因为消费者既可认为网上销售的食品更安全，也有可能认为相反。

在家庭变量方面，变量包括家庭所在地、家庭规模及其平方、家庭收入、家庭月食品总支出、住房贷款、家庭网络、家中是否有14岁以下家庭成员、家中是否有60岁以上家庭成员等。

（1）“家庭所在地”变量是用来考察北京市城区和郊区消费者的差异。通常来说，城区的物流更为快捷，因此预期城区消费者更愿意网购食品。

（2）通常来说，“家庭规模”越大，食品采购的品种和数量就越多，采购时间成本会增加，因而会增加消费者网购食品的机会。

（3）“家庭收入”变量不仅可说明家庭的购买能力，而且可反映家庭的时间成本。通常来说，收入越高的群体工作越忙，可能就越倾向于网购，以节约时间。

（4）“家庭月食品总支出”是用来衡量食品采购量的大小，总支出越大，则食品采购量也大，这些家庭会更倾向于网购食品；反之亦然。

（5）“住房贷款”可反映家庭的经济压力，压力越大，则越倾向于节约，可能会减少网购。

（6）“家庭网络”反映了家庭上网的便利性。虽然目前移动互联网普通程度高，但是有固定网络的家庭一般上网会更便利。因此，接入网络的家庭更可能网购食品。

（7）“家中是否有14岁以下成员”反映家中是否有儿童，该变量的影响具有不确定性。儿童是家庭中重要的成员，因儿童成长需要，家庭通常会更注重食品的健康营养，从这个角度来说，家庭可能更愿意去实体店精挑细选食品。然而，目前网上销售的食品选择余地越来越大，其中也有不少高质量的食品，这会增加家庭网购食品的可能性。

（8）“家中是否有60岁以上成员”反映家庭中是否有老年人。如果家庭中有老年人且身体健康，那么可能会在很大程度上承担家庭食品采购的角色，但他们因观念和技术等原因而难以接受如网购之类的新事物，因此从这方面来说会抑制食品的网购消费。然而，如果家庭年轻成员较忙，而老年人又难以承担食品采购任务时，尤其是采购米面、油等笨重食品，家庭则会倾向于网购食品。因此，该变量的影响具有不确定性。

6.3.2 数据来源与描述性统计

本章所使用的数据为课题组通过多次实地调查和委托调查机构问卷星的调查问卷所得，最后的有效样本为778份。表6-2列出了模型所有变量的描述性统计。从表中可以看出，Online的平均值为0.81，说明北京市居民绝大多数家庭有网购食品的经历。

表6-2 变量描述性统计

变量	样本量	平均值	标准差	最小值	最大值
Online Shopping	778	0.81	0.39	0	1
County		0.78	0.42	0	1
Gender		1.58	0.49	1	2
Age		32.69	9.98	15	70
Marital Status		1.41	0.55	1	5
Education		5.77	0.97	3	7
Family Size		2.74	1.05	1	6
Income		3.39	1.19	1	6
Expenditure		2.68	1.10	1	5
Loan		1.74	0.44	1	3
Internet		1.04	0.20	1	2
Senior		0.11	0.32	0	1

续表

变量	样本量	平均值	标准差	最小值	最大值
Kids	778	0.34	0.48	0	1
Trust		2.59	0.79	1	5

数据来源：根据笔者调查数据计算所得。

表6－3描述了北京市居民网购的食品分类基本情况。从表中可以看出，北京市居民从网上购买的前四种主要食品分别为粮油类、婴儿食品、生鲜食品、休闲食品等。具体如下：

表6－3　北京市居民网购食品情况

粮油类	婴儿食品	生鲜食品	休闲食品	方便食品	地方特产	保健品	调味品	酒类	早餐食品
423	237	217	174	158	114	113	99	89	71

注：表中数字表示居民经常网购的前四类食品，此处的样本数为655，比回归模型样本要少。

数据来源：作者调查。

（1）北京市居民网购食品频率最高的是粮油，主要包括米、面和食用油等。通常来说，粮油类食品比较重，如果去实体店购买的话，需要消费者自提，而通过网购，则快递可提供送货上门服务，因此，出于方便的考虑，新潮的网购者可能不愿意到实体店去购买粮油类食品。毋庸置疑，尤其是对家庭主妇或老人来说，去实体店购买粮油类食品确实是一个不小的负担。

（2）北京市居民网购食品的第二大类为婴儿食品。大多数购买婴儿食品的消费者年龄往往较年轻，可能更偏爱网购。网上销售的婴儿食品主要是奶粉和辅食。自从“三聚氰胺”事件以来，国家加大了对奶粉的管控力度，一些奶粉企业为保证消费者购买到正品，纷纷将奶粉放在网上销售，以保证对渠道的控制。同时，一些国外品牌的婴儿食品也在一些口碑好的网上进行销售。

（3）生鲜食品为北京居民网购第三大类食品。可能的原因主要有：第一，北京市日益发达的物流为生鲜食品的配送提供了技术保障，这使得购买生鲜食品成为可能。第二，近年来，北京居民对生鲜蔬菜质量安全的担忧不断加剧，这催生了有机蔬菜网上销售。第三，随着网购的日益流行，许多口碑较好的公司逐渐在网上销售生鲜或冷冻海鲜或肉类食品，其中有的会以礼品券销售，然后在网上配送。

（4）北京市居民网购食品排在第四的为休闲类食品。网上销售的休闲类食品不仅容易存放，而且种类繁多。这类食品的消费以年轻消费者（或小孩）为主，年轻人不仅爱吃休闲食品，而且能熟练使用网络来订购这些食品。

6.3.3　回归结果与分析

表6－4显示了Logit回归模型的结果（详见模型1）。从表中可以得出以下结论：

表6－4　回归结果与分析

	模型1	模型2
County	−0.182 (−0.69)	−0.181 (−0.68)
Gender	0.536*** (2.64)	0.540*** (2.66)
Age	0.301*** (4.38)	0.302*** (4.39)
Marital Status	−0.154 (−0.66)	−0.158 (−0.67)

续表

	模型1	模型2
Education	0.170 (1.59)	0.173 (1.62)
Family Size	0.0975 (0.84)	0.0960 (0.83)
Income	0.266** (2.51)	0.267** (2.52)
Expenditure	-0.102 (-0.94)	-0.106 (-0.98)
Loan	0.374* (1.65)	0.369 (1.63)
Internet	-1.116*** (-2.75)	-1.126*** (-2.77)
Senior	0.882** (1.98)	0.865* (1.93)
Kids	0.162 (0.54)	0.161 (0.53)
Age	-0.00419*** (-4.77)	-0.00420*** (-4.78)
Trust		0.0858 (0.67)
Cons	-5.241*** (-3.09)	-5.468*** (-3.15)
N	778	

注：* 表示 $p<0.10$ 水平，** p 表示 <0.05 水平，*** p 表示 <0.01 水平。

资料来源：作者根据软件估计结果整理所得。

（1）就家庭所在地的区县而言，“是否为城区居民”这个因素的影响并不显著。一般认为，相比远郊各区而言，城区物流业更发达，因而城区居民更倾向网购食品。但实际上，一方面，城区超市挑选食品的余地很大，这将降低城区居民网购的概率；另一方面，随着北京市远郊各区快递业的大力发展，远郊区居民网购食品变得日益便利，甚至还可以网购一些可能在食品超市无法买到的食品。

（2）从性别来看，与男性相比，女性更喜爱网购食品。这与大多数实证研究结论相似。主要原因在于：第一，受社会传统的影响，女性往往是家庭食品的主要采购者；第二，许多女性可能爱吃零食，而网上的零食品种齐全，可供其选择；第三，女性在采购食品时，可能会在网上挑选一些比较重的食品，如油和米等，这样免得到实体店亲自提货。

（3）“年龄”对网购食品有着显著影响，且年龄平方项非常显著。这意味着，随着年龄的增长，消费者网购食品的数量也逐渐增多，但超过一定年龄后，会网购食品的消费者就越来越少。究其原因在于，年轻的消费者擅长互联网操作，并认为网购省钱且节约时间，而年长的消费者通常对互联网操作并不熟悉，甚至难以接受互联网消费的新模式。

（4）从“受教育程度”来看，受教育程度越高的家庭，越喜爱网购食品。可能的原因有：一是消费者受教育程度越高，则越愿意接受新事物，比如网购；二是受教育程度越高，消费者越懂得如何网上操作购物的相关流程；三是受教育程度越高，消费者可能工作越忙，时间机会成本较高，因而这些人越希望通过网购来节省时间。

（5）家庭收入与网购食品呈正向关系。换言之，收入越高的家庭越愿意网购食品。可能的原因有：一是家庭的收入越多，家庭的消费能力也越强，互联网消费的水平越高。二是经济学常识告诉我们，高收入消费者的时间价值更多是因为它的机会成本。这些家庭可能会因时间成本较高，而增加网上购买食品的概率。众所周知，在北京市，随着汽车保有量的持续增加，以及人口的不断膨胀，外出购物所引致的时间成本越来越高，甚至让人难以忍受。综上所述，与低收入家庭相比，高收入家庭的网购食品行为会更强。

（6）从是否有房贷来看，有房贷的家庭更倾向于网购食品。这个结论似乎与常识不符，因为通常认为，与无房贷的家庭比，有房贷的家庭可能经济上更拮据。但是，在北京市可不一样，北京市房价非常高，对于大多数家庭来说，要全款购房的非常少，而能够贷款买房的家庭已经算是经济不错的家庭。因此，这种情况与房价比较低的二、三线地区情况有所不同。

（7）“家庭网络”有显著的负影响。这意味着，接入互联网家庭更可能网购食品。通常来说，接入网络的家庭更愿意接受新事物，也更有机会接触网络消费，因此网购概率越高。

（8）有60岁以上老人的家庭越喜爱网购食品。可能的原因是，对于大多数有正式工作的人来说，60岁是一个退休年龄的分界线，这些老人退休后可能就成了家庭食品的主要采购者，但是随着年龄的增长和身体健康状况的下降，这些老人采购轻便的食品问题不大，而要采购笨重的食品，如米、面、油等，可能就不太方便，因此这部分家庭更愿意网购比较重的食品。

此外，值得说明的有两点：第一，家庭中是否有14岁以下小孩的因素影响并不显著；第二，家庭人口规模对食品网购的影响并不显著。食品作为一种必需品，其消费数量会随着家庭人口规模的增加而提高，但购买食品方式并不因家庭规模的变化而有显著差异。

6.3.4 模型平稳性检验

从经济学的角度看，食品作为一种信任品，是一种特殊的商品，这类商品被消费前和消费后一般很难检验其营养和安全性。一般认为，与从实体店购买食品相比，从网上购买食品，买家要维权可能会更难。有鉴于此，我们在回归中加入消费者对我国食品质量安全的信任程度的变量，以考察“信任程度”变量是否会影响食品网购行为；同时，也检验模型的平衡性。从调查统计数据来看，北京市消费者的食品安全信任程度并不高，Trust变量的均值仅为2.59（如表6-2所示）。但是，从模型回归的结果来看（详见表6-4中的模型2），信任程度并不显著影响食品网购行为。原因可能在于，虽然消费者认为从网上购买食品并不十分靠谱，但是从实体店购买也存在同样的问题，因此对当前食品安全质量信任程度的变量影响并不显著。

6.4 主要结论与讨论

随着网购行业在中国的快速发展，食品网购也正成为一种趋势。本章以北京市的调查数据为基础，研究了北京市居民食品网购的基本情况，以及决定食品网购的影响因素。研究结果发现：第一，从个人特征来看，个人的年龄、性别和受教育程度均显著影响食品网购行为；第二，从家庭的基本情况来看，家庭的收入、是否有房贷，以及互联网可接入等因素有正影响。而从家庭的人口结构来看，家庭中有60岁以上老人的家庭越愿意网上购买食品。

对于网购企业来说，它们可以根据上述研究来确定相关变量和制定竞争策略，并可用来识别其目标客户群。例如，网购企业网站应该更多地关注女性，因为相关调查证明女性在网上购物比男性更多。此外，我国已进入老龄社会，尤其是北京市这样的大都市，而且许多老人还承担了年轻家庭的部分食品采购任务，因此，如何让老人更便利的使用网络购物，这是商家面临的一个难题。

第7章

居民网络餐饮外卖消费行为分析

前面一章讨论了居民网购食品的基本情况，以及什么因素决定了消费者的食品网购。这一章将研究近年来日益红火的网络餐饮外卖市场，重点在于分析决定网络餐饮外卖消费的影响因素。

7.1 引言

网络的日益普及和移动互联网时代的到来加速了网络餐饮外卖市场的发展。通常来说，订购餐饮外卖市场的消费者主要有两类：一类是普通家庭，当他们因各种原因（如工作忙）不愿意做饭时，订购餐饮外卖；另一类是上班一族，过去这类消费者通常在写字楼及其附近的餐馆（包括小吃摊点等）就餐，但是他们通常遇到许多问题，例如就餐场所环境卫生不好，或可能存在用餐高峰时期拥挤等问题。

然而，近年来智能手机、平板电脑等移动终端的日益普及，再加上百度、美团、饿了么等餐饮O2O巨头的快速崛起，越来越多的消费者开始加入网上订购外卖的行列，越来越多的消费者逐渐改变了过去的餐饮消费习惯。众所周知，传统餐饮业的选址通常要考虑门店的地理位置、交通条件、客流情况，以及店铺租金等，但是互联网平台

（如美团等）的接入，在很大程度上改变了传统餐饮业的地理分布和营业时间上的种种约束，从而给消费者和餐饮企业带来了极大的便利，并推动了餐饮外卖市场的快速发展。

目前学术界关于餐饮外卖的研究不多，已有文献的主要研究对象为大学生。例如，李鲁静（2015），陈孝春和周豫生（2015），杜春娥（2015），吴铭、阮望舒和郑慧婧（2016）等均以大学生为研究样本，对大学生网络订购外卖的行为进行了详细分析，分析内容涉及大学生网络订购的意愿、订购的心理因素，订购者的个人特征，以及网购平台的特点等，同时还讨论了网络外卖的卫生条件、食品安全等问题。

但是，这些文献的研究对象显然不能包括其他类型的网络订购外卖的消费者，其次这类文献的调查样本较小，而且很少涉及家庭层面的重要特征。本文试图通过大量调研为基础，尝试从个人层面和家庭层面来讨论这两个层面的特征可能对网络外卖订购者所产生的影响，以深化这一问题的研究。

7.2 模型设计与数据描述性统计

7.2.1 模型设计与变量选择

借鉴前面讨论过的已有文献，本章被解释变量为“是否网购过餐饮外卖”，解释变量分为个人变量和家庭变量，具体变量如下（见表7－1）。

7.2.1.1 被解释变量

如前面所述，根据国家统计局对“网购”的界定，是指家庭在报告期内借助网络（包括家庭以外的网络）购买的商品或服务总额，且付款方式可以是网上进行的，也可以是网下（比如货到付款）进行。本章的因变量为“是否经常网购餐饮外卖”，分为四个等级，具体为“经常=1，偶尔=2，极少=3，从不=4”，从而为有序选择变量。因变量记为Take Away。鉴于被解释变量为有序选择变量，因此本章选择Logit回归模型，运用STATA软件来进行实证分析。

7.2.1.2　解释变量

在解释变量方面，我们将其分为两类，一类是个人变量，另一类是家庭变量。所有解释变量的具体名称及变量赋值如表7-1所示，下面具体讨论解释变量的作用机制。

在个人变量方面，变量包括婚姻状况、性别、受教育程度、年龄等。

（1）“性别”变量在消费行为研究中较早地得到关注。在我国，受“男主外，女主内”传统思想的影响，我国女性通常承担了家庭中做饭、搞卫生等家务，因此从这个角度来说，与女性相比，男性更有可能网络订购餐饮外卖。

（2）“年龄”是消费行为研究中的重要人口学特征变量。许多研究指出，年龄因素的影响是复杂的，现有文献没有一个比较一致的结论。

（3）“婚姻状况”在有关家庭行为的分析中是一个不可或缺的变量，然而，“婚姻状况”变量的影响具有不确定性，原因在于：一方面，已婚消费者通常时间更为紧张，不仅要工作，还要比未婚的消费者需要承担更多的家庭事务，这致使已婚群体可能更倾向于网络订购餐饮外卖。然而，已婚消费者可能又不得不考虑整个家庭成员的营养健康，从而可能不愿意网络订购餐饮外卖。另一方面，未婚消费者有可能会追求方便和简单，因而倾向于网络订购餐饮外卖。

（4）在过去的许多研究中，消费者“受教育程度”变量的影响具有不确定性。然而，在我国互联网发展历史较短，对部分人来说是陌生的，因此需要具备一定的知识和经过一定时间的学习才能掌握和使用，鉴于此，预期“受教育程度”对网购有正的影响。

在家庭变量方面，变量包括家庭所在地、家庭规模及其平方、家庭收入、家庭月食品总支出、家庭网络、家中是否有 14 岁以下家庭成员、家中是否有 60 岁以上家庭成员等。具体如下：

（1）“家庭所在地”变量用以考察北京市城区和郊区消费者的差异。通常来说，城区的物流更为方便，因此预期城区消费者更愿意网络订购餐饮外卖。

（2）通常来说，“家庭规模”大小与家庭消费规模呈正比，例如家庭规模越大，该家庭的食品采购品种和数量就会越多，而这会导致家庭的采购时间成本会增加，但是人均采购时间成本却会下降，从这个角度而言，家庭规模越大，其在采购时间上越具有规模经济。但是，如果外出就餐，或网络订购餐饮，则会出现家庭绝对支出会增大，而在家做饭会出现规模经济，从这个角度而言，家庭规模越大，家庭越倾向于在家做饭。这会增加消费者网络订购餐饮外卖的机会。

（3）“家庭收入”变量不仅可说明家庭的购买能力，而且还可反映家庭的时间成本。通常来说，收入越高的群体工作越忙，可能越倾向于网络订购餐饮外卖，以节约时间。

（4）“家庭月食品总支出”用以衡量用于食品支出量大小的变量，一般来说，如果不同家庭的人口一样，那么总支出规模越大的家庭，则该家庭的富裕程度会越高，因而这类家庭会更倾向于网络订购餐饮外卖，而不是为节约钱而选择在家做饭。反之亦然。

（5）“家中是否有 14 岁以下成员”反映家中是否有儿童，该变量的影响具有不确定性。儿童是家庭中重要的成员，因儿童成长需要，家庭通常会更注重食品的健康营养，从这个角度来说，家庭可能更愿意去实体店精挑细选食品。然而，如果家中有儿童的话，家庭可能通常会比较忙，从而导致家长有时没有足够的时间做饭，而目前网上销售的网络订购餐饮外卖选择余地越来越大，其中也有不少高质量的食品，这会增加家庭网络订购餐饮外卖的可能性。

（6）“家中是否有60岁以上成员”反映家庭中是否有老年人。如果家庭中有老年人且身体健康，那么老年人则不仅可能会在很大程度上承担家庭食品采购的角色，往往还承担了做饭的家务，但他们因观念和技术等原因而难以接受如网购之类的新事物，因此从这方面来说会抑制网络订购餐饮外卖。然而，如果家庭年轻成员较忙，而老年人身体又不健康时，则家庭会倾向于网络订购餐饮外卖。因此，该变量的影响具有不确定性。

表7－1　变量的设计与赋值

变量定义	变量名称	变量赋值
被解释变量		
Take Away	网购餐饮外卖	经常＝1，偶尔＝2，极少＝3，从不＝4
个人基本特征		
Gender	性别	男＝0，女＝1
Age	年龄	18岁以下＝1，18～29岁＝2，30～39岁＝3，40～49岁＝4，50～59岁＝5，60岁以上＝6
Marital Status	婚姻状况	已婚＝1，未婚＝2，其他＝3
Education	受教育程度	学前＝1，小学＝2，初中＝3，高中或职专＝4，大专＝5，本科＝6，本科以上＝7
家庭基本特征		
County	区县	城区＝1，远郊区县＝0
Family Size	家庭规模	家庭常住人口总数
Income	家庭月收入	1. 3000元以下；2. 3001～5000元；3. 5001～10000元；4. 10001～20000元；5. 20001～50000元；6. 50000元以上
Expenditure	家庭月食品总支出	1000元以下＝1，1000～2000元＝2，2000～3000元＝3，3000～5000元＝4，5000元以上＝5

续表

变量定义	变量名称	变量赋值
	家庭基本特征	
Nanny	是否雇用钟点工或保姆	否 =0，是 =1
Location	家庭是否能上网	1. 是，2. 否
Senior	是否有 60 岁以上成员	否 =0，是 =1
Kids	是否有 14 岁以下成员	否 =0，是 =1

7.2.2　数据来源与描述性统计

本章所使用的数据为课题组于 2014 年底至 2015 年期间通过多次实地调查和委托调查机构问卷星的调查问卷所得，最后的有效样本 778 份。表 7－2 列出了模型所有变量的描述性统计。从表中可以看出，Online 的平均值为 0. 81，说明北京市居民绝大多数家庭有网购食品的经历。

表 7－2　变量描述性统计

变量	样本量	平均值	标准差	最小值	最大值
Online	778	0. 81	0. 39	0	1
Take Away		2. 56	0. 92	1	4
Gender		1. 58	0. 49	1	2
Age		32. 69	9. 98	15	70
Marital Status		1. 41	0. 55	1	5
Education		5. 77	0. 97	3	7
Family Size	778	2. 74	1. 05	1	6
Income		3. 39	1. 19	1	6
Expenditure		2. 68	1. 10	1	5
Nanny		1. 92	0. 28	1	2
Location		0. 78	0. 42	0	1
Senior		0. 11	0. 32	0	1
Kids		0. 34	0. 48	0	1

数据来源：根据作者调查数据计算所得。

7.2.3 回归结果分析与讨论

表7－3显示了Logit回归模型的结果。从表中可以得出以下结论：

表7－3 回归结果与分析

	因变量
Gender	0.232 * (1.70)
Age	0.0233 *** (2.76)
Marital Status	0.113 (0.70)
Education	－0.279 *** (－3.59)
Family Size	0.481 * (1.88)
Income	－0.243 *** (－3.39)
Expenditure	－0.0667 (－0.91)
Nanny	0.430 * (1.70)
Location	－0.276 * (－1.66)
Senior	0.178 (0.75)
Kids	－0.516 *** (－2.85)
Family Size^2	－0.0843 * (－1.95)
	－2.629 *** (－2.85)
	－0.130 (－0.14)
	1.203 (1.31)
	778

注：“*”p表示<0.10水平，“**”p表示<0.05水平，“***”p表示<0.01水平。

（1）“性别”变量有正影响，且在10%的水平下显著。这意味着，与女性相比，男性更喜爱网购餐饮外卖。主要原因可能在于，男性普遍没有女性勤快，一是不愿意做饭，二是也不愿意带饭去工作单位。在工作期间，男性可能图省事，而订购餐饮外卖，但女性可能会比较讲究吃饭的氛围，愿意去实体店吃。

（2）“年龄”变量对网购餐饮外卖有正影响，且在1%的水平下显著。这意味着，年龄越大的消费者越不愿意网购餐饮外卖。究其原因，可能在于，年纪大的消费者既不熟练使用互联网下单订购餐饮外卖，又不喜欢赶时髦，但是年轻的消费者就不一样，他们既擅长互联网操作，又喜欢赶时髦。同时，需要指出的是，年纪大的消费者可能收入更高些，但这些人往往会更注重餐饮的卫生和营养，因而通常可能不愿意网购餐饮外卖。

（3）从“受教育程度”来看，“受教育程度”变量系数为负，且在1%的水平下显著。这意味着，越可能进行网购餐饮外卖是受教育程度越高的家庭。究其原因，主要可能在于：一是消费者受教育程度越高，则越愿意接受新事物，比如网购；二是受教育程度越高，消费者越懂得如何操作网上购物的相关流程；三是受教育程度越高，消费者可能工作越忙，时间机会成本较高，因而这些人越希望通过网购来节省时间。

（4）家庭规模变量影响显著。“家庭规模”变量的系数为正，且在10%的水平下显著，“家庭规模”变量平方项的系数为负，且在10%的水平下显著，这说明“家庭规模”变量与网购餐饮外卖呈倒U形关系。换言之，刚开始随着家庭规模的扩大，消费者不愿意网购餐饮外卖，但随着家庭规模的进一步扩大，网购餐饮外卖的可能性会增加。

（5）“家庭收入”变量与网购餐饮外卖呈负向关系，且在1%的水平下显著。换言之，收入越高的家庭越不愿意网购餐饮外卖。究其可能，主要原因是，家庭收入越高，家庭的消费能力也越强，这些消费者会基于安全和营养的考虑而不愿意选择餐饮外卖。同时，可能收入越高的家庭会选择钟点工来家做饭，甚至雇用家庭保姆。

（6）“是否雇用钟点工或保姆”变量系数为正，且在 10% 的水平下显著。如上所述，能雇用钟点工或保姆的家庭，往往收入较高，这些家庭通常雇人做饭，既不需要外出就餐，也不愿网购餐饮外卖，毕竟在家就餐无论是卫生还是营养，或是花费等方面均要好于外出就餐。

（7）从家庭所在地的区县而言，“是否为城区居民”变量对网购餐饮外卖有显著的负影响，显著性水平为 10%，这说明城区消费者不太喜欢网购餐饮外卖，与之相反，郊区消费者更喜欢网购餐饮外卖。可能的原因，一是作为新兴的网购餐饮外卖行业，郊区消费者更愿意尝试和追求新潮；二是郊区因为地方小，等待外卖配送时间短，而城区则等待时间则可能会更长，因此这抑制了城区消费者的消费热情。

（8）“有 14 岁以下小孩的家庭”变量系数为负，且在 1% 的水平下显著，这说明有 14 岁以下小孩的家庭通常不太喜爱网购餐饮外卖。可能的原因是，有小孩的家庭更注重餐饮的营养和健康，因此即使家庭因有小孩而更忙的时候也愿意付出时间来做饭。

此外，值得说明的有两点：第一，“婚姻状况”因素影响并不显著。第二，“家庭中是否有 60 岁以上成员”对网购餐饮外卖的影响并不显著。

7.3 总结性评述

近年来，随着我国互联网的迅猛发展和网络订餐行业的兴起，尤其是在北京市这样的一线城市，消费者的餐饮消费方式正在发生巨大的变化，从过去的单纯在家餐饮，到现在越来越多的消费者走出家庭就餐，或是通过网购餐饮外卖等，尤其是在北京市消费升级的背景下，后者已成为北京市消费者除“在家做饭”和“到店堂就餐”之外的就餐“第三种常态”。

第8章

公众对转基因食品的接受态度的影响因素

在转基因食品的研究文献中，大多文献都讨论了转基因食品的消费意愿，然而，在实践中，消费者遇到的第一个问题为是否接受转基因食品，然后才会考虑是否愿意消费，实际上消费意愿往往并不一定能转化为实际消费，所以本章只对接受态度进行深入讨论。这可能是与大多研究的不同之处。

8.1 引言

转基因食品自产生以后，就备受大家的关注，相关的科研报告和学术论文也在千篇以上，主要表现在：对转基因食品安全问题上，学界持肯定态度有：吴筠（2004）、罗云波（2009，2014）、宗荣（2007）等，持反对态度有：饶毅（2011，2014）、刘声传（2013）、杨通进（2013）、张安立（2010）等。对转基因食品风险和监管问题上，持怀疑态度有 Moon 和 Balasubranian（2001）、Braun（1999）、Lok 和 Powell（2000），持包容态度有倪佩和夏明（2016）、刘鹏（2016）等。在转基因食品社会传播方面，在当下，网络和社交媒体是许多消费得搜集有关食品安全信息的主要渠道，因为这些渠道方便且成本低（佘硕、丁依霞、张聪丛，2016；钱振华、杨甲璞、刘文霞，2016）。

在转基因食品终端消费者方面，许多方面的研究重点集中在消费对转基因食品的认知和消费意愿上。但是，往往研究者所选择的调查对象不同，调查方式的差别，调查问卷的设计，所针对的转基因具体品种不同，这一系列问题最终有可能影响研究所得出的结论（Colson & Rousu，2013；程培罡、卢凌霄等，2011）。黄季焜、仇焕广和白军飞（2006）的研究对中国做了大面积的调查，且得到的数据也较为全面，但其得出结论还有较大的分析挖掘空间，因此在以上文献的基础上，有必要对北京市地区的消费者认知和消费意愿进行深入的研究和分析，以期得到较为深刻的结论。

8.2 调查情况及样本描述[①]

本章的数据主要来自关于北京市公众对转基因食品的认知程度和消费意愿的问卷调查，通过网站的随机抽样获得 645 份有效调查问卷，并且以实地面对面访谈的方法补充获得的 471 份的有效问卷。

其中调查问卷涉及五个方面的内容，包括公众的基本情况、食品购买情况、在外就餐情况、食品安全认证情况以及转基因的认知和消费。本章选取调查问卷的部分相关内容进行研究，并将研究内容主要划分为四个维度：①公众的个人基本特征，即为人口学特征以及社会

① 本章专注于消费者接受态度分析，在样本量方面，我们剔除了一些不符合分析要求的样本，因此，本章的样本量将不同于其他章节。

经济特征，包括性别、年龄、就业与职业、受教育程度、婚姻状况和经济收入等；②公众对转基因食品的认知程度和消费意愿，包括对含义和种类的了解情况、对不同功能的购买意愿等；③公众的获取转基因食品信息特征；④公众对食品的消费偏好及安全态度等行为特征。

由于统计口径不同，删选部分存在年龄、认知程度或消费意愿等指标缺漏的问卷，本章参考的共有939份，其中来自调查网站的问卷为579份，面谈的问卷为360份。最终调查样本数据的分布统计如表8－1所示。

表8－1　调查样本数据的分布统计

个人基本特征	分类	有效问卷数	百分比（%）
性别	男	415	44.20
	女	524	55.80
年龄	18岁以下	13	1.38
	18～29岁	413	43.98
	30～39岁	308	32.80
	40～49岁	121	12.89
	50～59岁	61	6.50
	60岁以上	23	2.45
就业与职业	行政单位	46	4.90
	事业单位	128	13.63
	国有企业	140	14.91
	民营企业	275	29.29
	自营企业	35	3.73
	非营利组织	8	0.85
	学生	93	9.90
	退休	41	4.37
	其他（失业等）	173	18.42

续表

个人基本特征	分类	有效问卷数	百分比（%）
受教育程度	学前	4	0.43
	小学	5	0.53
	初中	34	3.62
	高中或职专	120	12.78
	大专	173	18.42
	本科	415	44.20
	本科以上	188	20.02
婚姻状况	已婚	557	59.32
	未婚	358	38.13
	其他（离婚、分居、丧偶）	24	2.56
家庭月收入	3000元以下	71	7.56
	3001～5000元	147	15.65
	5001～10000元	282	30.03
	10001～20000元	295	31.42
	20001～50000元	111	11.82
	50001元以上	33	3.51
家庭月食品总支出	1000元以下	121	12.89
	1001～2000元	329	35.04
	2001～3000元	251	26.73
	3001～5000元	180	19.17
	5001元以上	58	6.18
是否有住房贷款	有	249	26.52
	没有	690	73.48

资料来源：作者调查。

调查样本的男女比例总体较为均衡。由于所获的有效问卷大多数来自调查网站，中青年使用网络较多，所以样本的主体为18～39岁的中青年群体，占总数的76.78%；在就业与职业方面，由于北京市的城市化程度比较高，第二产业及第三产业较为发达，所以调查样本的公众群体除了占比9.90%的学生和4.37%的退休人群，有66.46%的被调查者就职于企事业单位；而北京市各大高校林立使得公众受教育程度较高，大专和本科及以上学历的被调查者占 82.64%；婚姻情况是已婚人群占主体为 59.32%，经济收入方面的情况是家庭月收入主要在 5000～10000 元（30.03%）和 10000～20000 元（31.42%）范围内，家庭月食品总支出主要在 1000～2000 元（35.04%）、2000～3000 元（26.73%）和 3000～5000 元（19.17%）范围内，而在住房贷款问题上，被调查者多数选择“没有”（73.48%）。

总体来看，调查对象以受教育程度较高且经济收入较高的中青年为主，这类群体具有一定的科学文化基础，对时代前沿的新生事物关注度和尝试度比较高，转基因食品的认知和评价具有代表性，有助于提高数据的真实可靠性，保证结论的可信度和有效力。

8.3 转基因食品认知和消费的描述性分析

8.3.1 公众对转基因食品的认知态度

统计数据显示，公众对转基因食品有一定的认知，有 92.76% 的被调查者表示“听说过转基因食品”，由认知程度和被调查者的个人基本特征的交叉分析发现，男性群体的认知程度（94.70%）较女性群体（91.22%）略高；已婚群体的认知程度（93.90%）略高于未婚群体（91.06%）；被调查者的认知程度随年龄的增长、受教育程度的提高以及经济收入的提高有一定的提高。

为进一步了解公众对转基因食品的认知程度和接受程度，考查市场上已存在的转基因食品的认知数据，发现公众对已经实现商业化生产的植物性转基因食品的认知和接受存在一定的一致性，其中对大豆油的认知和接受度最高，占比为73.27%和48.99%，大豆及制品次高，为58.89%和30.78%，而番茄和玉米（粉）则保持较高水平，具体结果如表8-2所示。

表8-2 公众对市场存在的GMF的认知程度和接受程度 单位：%

	大豆油	大豆及其制品	番茄	玉米（粉）	瓜果及其制品	
认知程度	73.27	58.89	42.71	40.04	37.81	
接受程度	48.99	30.78	26.20	16.83	22.04	
	大米（粉）	马铃薯	小麦（粉）	棉籽油	大蒜	白菜
认知程度	26.94	22.68	16.29	13.53	6.60	5.43
接受程度	9.37	11.08	6.28	5.22	2.98	3.94

资料来源：作者调查。

另外，具体到对不同功能性的转基因食品的认知态度，发现公众对抗病虫害、延长储存、改善营养的GMF的基本态度不尽相同，其中对改善营养类接受度比较高，非常愿意接受占比6.71%，比较愿意接受占比27.26%；对抗病虫害类的态度比较中庸，其中态度中立的占比39.19%；对延长储存类反对比较强烈，比较反对占比26.73%，完全反对占比17.78%，这可能是因为现代存储技术的发达。具体如图8-1所示。

8.3.2 公众对转基因食品的消费意愿

关于公众对转基因食品消费意愿的调查，首先关注公众购买食品的消费偏好，考察对食品包装的标签或说明的关注情况，分别为食品的新鲜度、营养成分、口味、品牌、价格、外观六项，其中以生产日期或保质期代表新鲜度。

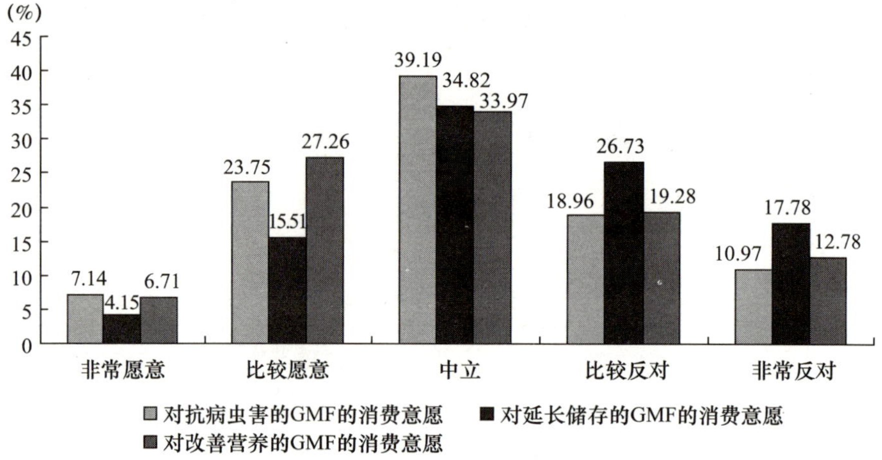

图 8－1　公众对不同功能性的转基因食品的认知态度

资料来源：根据作者调查计算数据所得。

调查数据显示，公众首先关注的是食品的新鲜度（比例为 95.42%），而新鲜度基本为非专业的公众对食品安全的评价标准，可以看出公众非常关注食品的安全性；其次重点关注食品的营养价值，即营养成分为 63.47%；对品牌、价格和口味的偏好反而较为一般，对于外观的考虑反而最低（详见表 8－3 和图 8－2）。

表 8－3　公众购买食品的消费偏好　　单位：%

	新鲜度	营养成分	品牌	价格	口味	外观
关注程度	95.42	63.47	43.88	38.34	33.01	12.35

资料来源：作者调查。

此外，具体到对不同功能性的转基因食品的购买意愿上来看，如图 8－2 所示，发现公众对抗病虫害、延长储存、改善营养的 GMF 的基本态度大体上较为一致，大多数人是保持中立的。其中对改善营养类的 GMF 购买意愿较高，非常愿意占比 5.75%，比较愿意占比 21.94%；对延长储存类的 GMF 购买意愿反对比较强烈，比较反对为 33.44%，非常反对为 16.72%，这可能是因为现代人民生活水平的提高，消费者不愿意为了延长保质期而选用转基因食品。

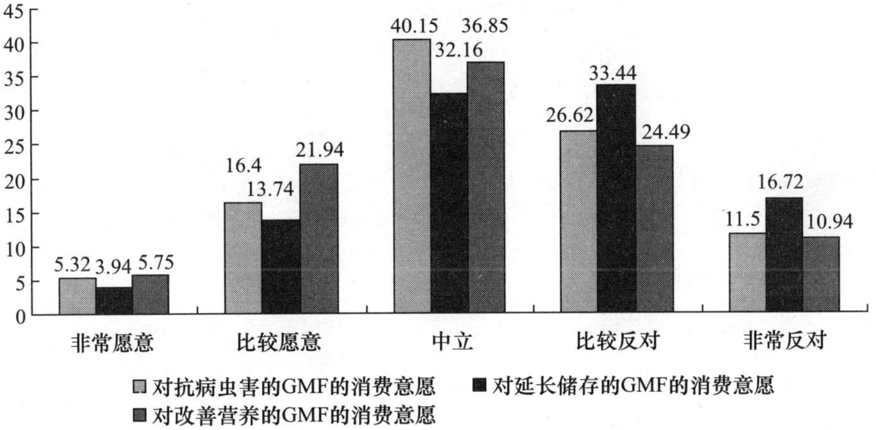

图8-2 公众对不同功能性的转基因食品的购买意愿

资料来源：根据作者调查计算数据所得。

8.4 公众接受态度的影响因素的实证分析

8.4.1 建立影响公众对 GMF 消费意愿的模型

借鉴已有文献，本章被解释变量为对转基因的接受态度，具体分为三个变量，分别为“对抗病虫害的 GMF 的基本态度，对延长储存的

GMF 的基本态度，对改善营养的 GMF 的基本态度”。解释变量具体见表 8 –4。

表 8 –4　变量的设计与赋值

变量定义	变量名称	变量赋值
被解释变量		
Cvofanpest	对抗病虫害的 GMF 的基本态度	完全接受 =1，比较接受 =2，中立 =3，比较反对 =4，完全反对 =5
Cvofstorage	对延长储存的 GMF 的基本态度	完全接受 =1，比较接受 =2，中立 =3，比较反对 =4，完全反对 =5
Cvofnutrition	对改善营养的 GMF 的基本态度	完全接受 =1，比较接受 =2，中立 =3，比较反对 =4，完全反对 =5
个人基本特征		
Gender	性别	男 =0，女 =1
Age	年龄	18 岁以下 =1，18 ~29 岁 =2，30 ~39 岁 =3，40 ~49 岁 =4，50 ~59 岁 =5，60 岁以上 =6
Edu	受教育程度	学前 =1，小学 =2，初中 =3，高中或职专 =4，大专 =5，本科 =6，本科以上 =7
Mar	婚姻状况	已婚 =1，未婚 =2，其他 =3
Exp	家庭月食品总支出	1000 元以下 =1，1001 ~2000 元 =2，2001 ~3000 元 =3，3001 ~5000 元 =4，5001 元以上 =5
Loan	是否有住房贷款	否 =0，是 =1
信息来源指标		
Tv	电视广播	否 =0，是 =1
Mag	报纸杂志	否 =0，是 =1
Internet	网络	否 =0，是 =1
Fri	亲朋好友	否 =0，是 =1
风险态度指标		
Allergic	家庭是否有过敏者	否 =0，是 =1
Buyer	家庭食品购买者	自己为主 =1，配偶为主 =2，自己和配偶相差不多 =3，其他人 =4
Med	家庭是否有从事食品医疗卫生等工作的成员	否 =0，是 =1
Tag	关注食品包装标签	看的较多 =1；看的较少 =2；根本不看 =3

续表

变量定义	变量名称	变量赋值
	个人消费偏好因素	
Fre	新鲜度	否 =0，是 =1
Nut	营养成分	否 =0，是 =1
Tast	口味	否 =0，是 =1
Brand	品牌	否 =0，是 =1
Price	价格	否 =0，是 =1
Appearance	外观	否 =0，是 =1
Trust	对政府食品管理部门的信任度	完全不信任 =1，不太信任 =2，一般信任 =3，比较信任 =4，非常信任 =5

资料来源：根据相关文献整理所得。

表8-5 变量的统计性描述

Variable	Obs	Mean	Std. Dev.	Min	Max
Cvofanpest	939	3. 225772	1. 026377	1	5
Cvofstorage	939	3. 452609	1. 046184	1	5
Cvofnutritn	939	3. 129925	1. 057085	1	5
Sex	939	0. 5591054	0. 4967588	0	1
Age	939	2. 86475	1. 042704	1	6
Edu	939	4. 613419	1. 107578	1	6
Marrage	939	1. 432375	0. 5448497	1	3
Empon	939	2. 707135	1. 104585	1	5
Loan	938	0. 271855	0. 4593125	0	3
Tv	939	0. 4536741	0. 4981146	0	1
Mag	939	0. 1842386	0. 3878852	0	1
Web	939	0. 3567625	0. 4792991	0	1
Friend	939	0. 0830671	0. 2761307	0	1
Allergic	939	0. 1608094	0. 3675508	0	1
Buyer	939	1. 835996	1. 096974	1	4
Medi	938	0. 1396588	0. 3559296	0	3
tag	937	0. 7726788	0. 579733	0	3
trust	939	2. 569755	0. 7891732	1	5

资料来源：根据软件估计结果整理所得。

8.4.2 模型估计结果及分析

由于因变量为有序分类变量，此处采用有序分类的 Logistic 回归模型，运用 STATA 软件进行实证分析，回归估计结果如表 8－6 显示。下面分别从以下几方面的因素来进行讨论：

第一，性别因素对抗病虫害的 GMF 的基本态度和对延长储存的 GMF 的基本态度有显著的正影响，但对改善营养的 GMF 的基本态度没有显著影响。可能的原因在于，大多数消费者更希望食品能抗病虫害，从而相信食品会相对少用农药，同时希望食品买回来后，在家储存时间更长些，这样就可以减少采购的次数和浪费食品。相比营养而言，消费者可能认为抗病虫害和延长储存这两个功能对人的身体健康影响更小，因此，性别在这个问题上没有差异。另外，这意味着，被调查的女性比男性对抗病虫害的 GMF 的基本态度和对延长储存的 GMF 的基本态度接受程度要低。这个研究结论与大多文献类似。可能的原因在于，女性在食品采购和消费中往往具有决策权，其不愿意冒险消费。从另一个侧面也反映出，在现实中，实际消费与接受程度可能存在不一致的问题。此处的研究结论与冯良宣、齐振宏、田云和周慧（2012）的研究类似。

第二，年龄因素对 GMF 的基本态度有显著正影响。随着年龄增长，消费者往往更不愿意接受转基因的食品，而不管是哪种功能性的转基因食品。可能的原因有二：一是随着年龄增长，往往收入不断提高，消费能力随之增强，因而不太愿意接受转基因食品；二是随着年龄增长，消费者会日益注重健康，因而不愿意冒险去接受科学迄今为止都没有论证明白的转基因食品。此处的研究结论与齐振宏、周慧（2010）的研究类似。

第三，在信息获取方面，如电视和报纸等传统媒体的影响不显著，而随着网络的快速上发展，其对消费者的影响非常显著。经常从网络获得信息的消费者，越倾向于不接受转基因食品。同时，从朋友处获得的相关信息的消费者，也不太接受转基因食品。事实上，这一点并不难理解。传统的媒体如电视和报纸在平常可能并不关注转基因食品，因此我们难以从上述媒体获得这类信息。而我们从网上则很容易检索到转基因信息，同时与朋友聊天也很容易就聊到有关转基因的信息。

第四，在政府食品安全信任方面，信任对 GMF 有显著的负影响。这意味着我国食品安全信任程度较低，从而也会影响有关国家在食品安全方面的宣传工作。

第五，此处试图考察的食品安全风险变量都不显著。可能的原因，并不是因为消费者不关心食品风险，而是因为消费者在时刻关注着食品安全，甚至是时时都担心食品安全。

表 8－6　模型模拟结果

自变量	模型 1	模型 2	模型 3
	因变量 Cvofanpest	因变量 Cvofstorage	因变量 Cvofnutrition
Sex	0.212* (1.72)	0.311*** (2.52)	0.014 (0.11)
Age	0.248*** (3.62)	0.274*** (4.00)	0.290*** (0.11)
Edu	－0.028 (－0.48)	0.016 (0.27)	－0.078 (－1.34)
Marrage	－0.213* (－1.67)	－0.122 (－0.98)	－0.131 (－1.04)
Expen	0.035 (0.61)	0.089 (1.59)	0.021 (0.38)
Loan	－0.034 (－0.25)	－0.022 (－0.16)	－0.085 (－0.63)
Tv	0.112 (0.86)	0.088 (0.69)	0.131 (1.02)

续表

自变量	模型 1	模型 2	模型 3
	因变量 Cvofanpest	因变量 Cvofstorage	因变量 Cvofnutrition
Mag	-0.058 (-0.36)	-0.212 (-1.33)	-0.119 (-0.74)
Web	0.286** (2.13)	0.416*** (3.12)	0.378*** (2.82)
Friend	0.509** (2.29)	0.442** (1.96)	0.441 (2.02)
Allergic	-0.173 (-1.03)	0.067 (0.40)	-0.046 (-0.28)
Buyer	0.025 (0.45)	0.043 (0.77)	0.020 (0.36)
Medi	-0.061 (-0.35)	-0.230 (-1.34)	-0.097 (-0.57)
Tag	0.107 (1.00)	0.060 (0.57)	0.184* (1.75)
Trust	-0.640*** (-7.8)	-0.688*** (-8.33)	-0.645*** (-7.92)

注："*"表示 $p<0.10$ 水平；"**"表示 $p<0.05$ 水平；"***"表示 $p<0.01$ 水平。

资料来源：作者根据软件估计结果整理所得。

第 9 章

主要结论与政策含义

本章将总结本研究的主要结论，提出相应的政策建议，并指出下一步的研究方向。

9.1 主要结论

根据本书的研究框架，结论分为如下几大部分，具体如下：

9.1.1 北京市居民具有较高的食品消费水平

改革开放以来，随着我国食品生产和供应链系统的极大改善，北京市居民生活水平发生巨大变化，食品供应充足，居民食品消费增长势头强劲，人们生活水平稳步提高。

（1）全国居民食品消费水平方面：

第一，从食品消费绝对金额上来讲，在考察期间内，我国居民人均食品消费支出不断增长，但是其增长速度要慢于人均消费总支出。

第二，从居民恩格尔系数角度看，在考察期间内，我国城、乡居民恩格尔系数呈逐渐下降趋势。一方面，在 1994 年前，我国农村居民生活水平处于温饱型；在 1995 年到 2003 年，农村居民生活水平从温饱型过渡到了小康型；2004 年至今，农村居民逐步过渡到了比较宽裕小康型水平。另一方面，我国城镇居民 1995 年达到了小康消费水平，2000 年达到了比较宽裕的小康消费水平。因此，城镇居民消费水平要比农村居民高。

（2）北京市居民食品消费水平方面：

第一，从居民食品消费绝对金额上来讲，与全国情况基本类似，在考察期间内，北京市居民人均食品消费支出不断增长，但是其增长速度要慢于人均消费总支出。

第二，从居民恩格尔系数角度来看，在考察期间内，北京市城、乡居民恩格尔系数呈逐渐下降趋势。同时，城镇居民消费水平要比农村居民高。

（3）两者比较：

第一，与全国水平相比，北京市城、乡居民恩格尔系数更小。

第二，北京市城、乡居民恩格尔系数从温饱型过渡到小康型更加迅速。

第三，从全国城乡恩格尔系数的比较来看，全国城、乡之间生活水平的差距较大；而北京市城、乡之间生活水平的差距要小得多。

第四，全国和北京市的食品消费结构类似，均表现为：在考察期间内，城乡居民对粮食和蔬菜的需求量都呈下降趋势；而对肉禽类、奶及奶制品类、水产品类、瓜果及制品类都呈上升趋势；城镇居民对酒水及蛋类的消费量呈下降趋势，而农村则呈上升趋势。

9.1.2 北京市与台湾地区相比，食品消费水平大致相当

我们在第 4 章对北京市和台湾地区的消费者的食品消费水平进行了比较分析。从分析结果来看，两地区的居民食品消费水平大致相当。具体来说，从改革开放以来，北京市和台湾地区的年均粮食消费量均

显著下降，进入2010年后两地的人均全年粮食消费水平几近相等；台湾地区人均全年肉类消费水平一直高于北京市，但是从2013年起，北京市城镇的人均肉类消费量超过了台湾地区；台湾地区的人均水产品年消耗量远超过北京市，考虑到台湾地区和北京市的不同地理位置，是合理的。在人均全年食用植物油消费量上，在2010年前，台湾地区是超过北京市，在2011年后基本持平；两地居民人均蔬菜消费量上，从1999年开始，两地的人均蔬菜消耗量就几乎相等。

9.1.3　超市成为北京市居民食品购买的主要场所，食品消费种类日益多样化

对于有关食品购买场所，调查发现：第一，随着北京市农村日益城镇化，超市成为北京市城乡居民的首选食品购买场所；第二，网购日渐成为北京市居民购买食品的重要方式。粮油类、休闲类食品和婴儿食品成为网购的前三大种类；第三，伴随着北京市居民生活水平的提高，奢侈品和保健品的消费正逐渐成为人们消费的一个趋势。这些说明北京市的消费者日趋注重生活品质和生活的便利性。

9.1.4　北京市居民在外就餐数量不断增加，互联网的发展起到了推动作用

（1）伴随着生活节奏加快和生活水平提高，北京市居民在外就餐数量有所增加，但是因食品质量安全和国家八项规定等政策影响，这对于居民在外就餐数量有抑制作用。

（2）北京市居民叫外卖的数量有所增加。过去，外卖订购餐饮主要靠电话，而最近几年网络订餐市场快速发展正迅速改变着人们的消费观念和消费结构。

（3）北京市居民在外餐时，常用手机软件（如大众点评等）来选

择就餐地点。

（4）过去在外就餐团购成为一种时尚，而现在随着个性化点餐的要求日益提高，团购不再成为一种趋势。

以上的许多变化，除了人们生活节奏加快和生活方式的改变外，还与政府力推的“互联网+”密不可分，尤其是移动互联网的快速发展直接推动了餐饮行业的大变化。

9.1.5 北京市居民食品安全意识较强，认知能力普遍较高

本书基于北京市所有区县的问卷调查，分析了北京市居民的食品安全认知问题。主要研究结果概括如下：①经历多次食品安全事故以后，绝大多数北京市居民都养成在购买食品前阅读标签的习惯。其中，与非城镇居民相比，城镇居民不太看食品标签。②在阅读食品标签内容方面，消费者主要关注生产日期、营养和品牌。③北京市居民对我国的食品安全状况并不乐观，甚至表现出担忧的情绪。④尽管我国政府采取了许多措施，旨在治理食品安全问题，但是北京市居民对治理效果仍不满意。⑤绝大多数北京市居民听说过转基因食品，但是都不太接受转基因食品。在了解转基因食品的渠道方面，农村居民依赖于电视和广播，而城镇居民更依赖于网络。另外，与农村居民相比，城镇居民更不能接受转基因食品。

总而言之，北京市居民比较注重食品安全问题，并对我国的食品安全状况，以及政府在应对食品突发事件表现上并不满意。从这一点上说，政府及商家应该继续在食品安全方面做出努力。此外，农业转基因技术被许多人认为是农业技术的一次新的革命，且有助于解决食品短缺问题，但是作为一项有争议的技术，其发展仍面临包括消费者难以接受在内的许多因素的制约。

9.1.6　北京市居民食品网购规模不断扩大，消费日益强劲

迄今为止，虽然网购不是北京市居民采购食品的主要途径，但这无疑已经成为一种重要的补充。我们有理由相信，随着未来消费者受教育程度的不断提高和物流的进一步发展，以及在北京市未来出行成本的日益增加，网购食品的趋势还会日益加强。

影响北京市居民网购食品的因素主要有年龄、性别和受教育程度、家庭的收入、是否有房贷、互联网可接入，以及家庭人口结构（例如家庭中有60岁以上的老人）。

9.1.7　北京市居民网络餐饮外卖日益增加

近几年来，随着我国移动互联网产业的飞速发展，餐饮行业也搭上了这班车，网络订餐服务得到井喷式的发展，而这在较短时期内改变了人们过去的传统餐饮消费结构，即过去人们在家就餐，或外出餐馆就餐，而现在多了另一种选择，即通过网络订购餐饮。

9.1.8　北京市居民对转基因食品的接受程度仍然较低

从调查的结果来看，无论是北京市的城镇居民，还是北京市的农村居民，他们绝大多数听说过转基因。这不仅与北京市的通信和各类媒体日益发达有关，同时也反映了北京市居民具有关心社会重大问题的特点。调研数据表明，农村居民知晓转基因的比例要略高于城镇居民的比例。我们的解释是农民需要种植农作物，因此农民会接触到转基因这类专有名词。

电视广播作为传统的资讯传播途径，成为北京市居民了解转基因问题的首要渠道，其次是新兴的网络成为北京市居民了解转基因的另一重要渠道。虽然北京市居民大多知晓转基因，但是北京市居民仍难

以接受转基因食品。

从消费者的个人特征来看，消费者的年龄越大，越不愿意接受转基因食品。从性别来说，女性普遍不愿意接受转基因食品。此外，我国消费者对食品安全信任程度较低，也影响了转基因食品的接受问题。

9.2 政策含义

9.2.1 国家对食品分品种进行分级管理

已有研究表明，当发展中国家从低收入阶段向中等收入阶段转变时，其消费结构会发生相应变化，即表现为谷物的直接消费量会缓慢或停止增长，甚至逐渐减少，但同时畜产品消费量将急剧增加（梅勒，1990）。

北京市城乡居民对粮食和蔬菜的需求量都呈下降趋势，但对肉禽类、奶及奶制品类、水产品类、瓜果及制品类都呈上升趋势。因此，我们需要对后面的几类食品给予更多的关注。政府应该给予非谷物类食品更多政策上的关注和扶持，以增加上述食品的产出；从政策上保持稳定并增加上述食品的流通渠道，提高供给量以便满足人民群众日益增长的多元化物质需要。

9.2.2 将提高食品品质作为未来一段时间的工作重点

毫无疑问，价格是影响消费者购买食品的重要参考变量，但对于大多数北京市居民来说，由于人们的收入水平较高，食品消费占总消费支出比重不高，消费者更关心食品的质量。因此，北京市政府更应把食品的质量和品质放在第一，而不应过多的将平抑物价作为未来一段时间的工作重点。在北京市一些高档超市，有机食品和进口食品的销售非常火爆。这实际上反映了人们对于高品质食品的需求和渴望。政府层面要引导和促进相关产业发展，出台促进高品质高等级食品发展的政策，同时也提高食品的监督抽查力度，齐抓共管，多渠道多举措提高食品品质。

9.2.3 继续加强超市布局和建设

无论在农村，还是城镇，超市都是消费者购买食品的重要选择，因此，这需要我们进一步布局好并建设好超市。作为消费者的生活食品高频次购买场所，在城市的生活区和商圈合理安排建设超市，合理配置大卖场、综合超市、标准超市、便利店。

同时，在建设超市要努力完成超市物流配送中心的建设——超市物流配送中心对超市的发展起着关键作用。总的来说，我们可以从以下三点建设好超市这一流通业态：着重加强物流体系、服务领域、网点布局的建设和开发。需要着重指出的是，在北京市当前日益注重规划和清理不规范小店的背景下，尤其要重视小区便利店型超市的建设。

9.2.4 加强对网购的监管，强化平台责任

随着互联网在北京市城乡的日益普及，网购食品已成为一种趋势，尤其网购粮油类、休闲类食品和婴儿食品等。由于食品直接关系到消费者的身体健康，人命关天，因此相比于其他普通商品，需要国家对网上销售食品加以更为严格的监管。否则，食品网购这一新兴的业态发展将会受到严重影响。

然而，由于在互联网平台上进行的交易具有一定的虚拟性，交易双方不见面，同时，买方无法真实看到和体验想要购买的商品，因而

这对监管来说也提出了新的挑战。虽然我国网购平台要求食品销售商实名注册，但是对商品品质和经营者的监管力度仍然有待提高。针对上述问题，在网购方面，我们需要进一步强化平台责任，并继续完善第三方信用评价体系。

9.2.5 引导餐饮业转变发展思路

北京市居民在外就餐的绝对金额在稳步上升，但由于受八项规定的影响，高端餐饮不可避免地会受到冲击。近几年中国餐饮行业的市场发生了非常大的变化，例如与过去相比，当下餐饮业的市场竞争状况日益激烈，过去一些高大上的餐饮企业不得不转变经营思路，转而走平民路线。此外，除传统的餐饮经营模式之外，又添加了外卖等新的商业模式。因此，需要引导众多高端餐饮企业转变经营策略，开发大众化餐饮。

同时，由于北京市居民生活节奏加快，外卖占就餐的比重日益增加。如何规范外卖，这给我们监管层提出了一个新的要求。

9.2.6 继续采取措施，树立消费者食品安全信心

近年来，食品安全事件不断爆发，在此背景下，要想树立食品安全信心的信心将是一个漫长的过程。从本书的调研结果来看，目前北京市居民的食品安全信心仍非常脆弱，过去发生的许多食品安全事件仍历历在目。为此，一方面，食品企业要真正认识到食品质量对企业和行业发展的重要性，严把食品质量生产和流通关；另一方面，各级政府部门需要在宣传，尤其是食品安全监管等多方面下大力气，对食品企业严格监管，而不能出于各种原因而包庇问题企业。

9.2.7 正确宣传转基因食品的安全性

近年来，尽管有学者在新闻媒体详细介绍了转基因，以减少人们对转基因的怀疑，但是，在理论界转基因食品的安全性仍是一个既不能证实，也不能证伪的问题。从目前的情况来看，虽然人们对转基因食品的接受度还较低，但是转基因食品还是已经成功走入了平常百姓家，如转基因食用油脂。对此，我们建议在转基因食品方面适当采取低调的态度，即不能高调大力宣传转基因食品，因为这可能引起消费者的反感，更何况欧盟仍然在转基因食品方面采取谨慎态度。同时，也不能高调抵制转基因食品，因为这与国家的政策相违背。

9.2.8 继续完善食品可追溯体系

通过建立食品可追溯体系，一方面可给食品生产和经营者施加无形的压力，另一方面为食品安全责任的确定找到依据。国务院办公厅2016年1月发布了《关于加快推进重要产品追溯体系建设的意见》，计划建立覆盖全产业链的信息采集体系，强化市场主体责任①。在此过程中，既要发挥政府督促引导作用，也要把协会动员起来，建立安全追溯体系长效管理机制。充分利用当前各种先进的技术手段，电子化和数字化各产业链条上的信息，实现真正的源头监管转变。

9.2.9 适应市场竞争，企业转换商业模式

与过去的市场竞争相比，现在的食品市场信息日益透明，零售业态不断增多，竞争日益加剧，这需要企业不断适应市场竞争，适时改变商业模式。例如，虽然传统线下渠道（其中商超为主的业态）仍然

① 具体内容参见国务院办公厅的国办发〔2015〕9号文件。

为食品零售的主要渠道，但是线上渠道和便利店，甚至微信销售等渠道也成为食品企业不得不考虑的可能选择。

9.3 本书的局限与未来研究的方向

根据研究的需要，本书所使用的数据有两个来源：一是全国和北京市的公开统计资料，这一部分是主要提供背景材料，以及进行比较分析；二是研究小组通过在北京市调查所得到的数据。如前所述，我们只在北京市进行了调查，而没有进行外地的调查，因此我们无法使用调查数据来进行比较分析。这是导致我们使用两套数据来源的主要原因。

此外，食品消费的研究领域广泛，本书没有囊括所有的研究领域，甚至可能忽略一些较为重要的领域，比如食品生产和消费中所造成的浪费问题等。

附录

中国食品与营养发展纲要（2014～2020年）

（国办发〔2014〕3号）

近年来，我国农产品综合生产能力稳步提高，食品供需基本平衡，食品安全状况总体稳定向好，居民营养健康状况明显改善，食品与营养发展成效显著。但是，我国食品生产还不能适应营养需求，居民营养不足与过剩并存，营养与健康知识缺乏，必须引起高度重视。为保障食品有效供给，优化食品结构，强化居民营养改善，特制定本纲要。

一、总体要求

1. 指导思想

以邓小平理论、“三个代表”重要思想、科学发展观为指导，顺应各族人民过上更好生活的新期待，把保障食品有效供给、促进营养均衡发展、统筹协调生产与消费作为主要任务，把重点产品、重点区域、重点人群作为突破口，着力推动食品与营养发展方式转变，着力营造厉行节约、反对浪费的良好社会风尚，着力提升人民健康水平，为全面建成小康社会提供重要支撑。

2. 基本原则

（1）坚持食品数量与质量并重。实施以我为主、立足国内、确保产能、适度进口、科技支撑的国家粮食安全战略。在重视食品数量的同时，更加注重品质和质量安全，加强优质专用新品种的研发与推广，提高优质食品比重，实现食品生产数量与结构、质量与效益相统一。

（2）坚持生产与消费协调发展。充分发挥市场机制的作用，以现代营养理念引导食品合理消费，逐步形成以营养需求为导向的现代食品产业体系，促进生产、消费、营养、健康协调发展。

（3）坚持传承与创新有机统一。传承以植物性食品为主、动物性食品为辅的优良膳食传统，保护具有地域特色的膳食方式，创新繁荣中华饮食文化，合理汲取国外膳食结构的优点，全面提升膳食营养科技支撑水平。

（4）坚持引导与干预有效结合。普及公众营养知识，引导科学合理膳食，预防和控制营养性疾病；针对不同区域、不同人群的食品与营养需求，采取差别化的干预措施，改善食品与营养结构。

3. 发展目标

（1）食品生产量目标。确保谷物基本自给、口粮绝对安全，全面提升食品质量，优化品种结构，稳步增强食品供给能力。到2020年，全国粮食产量稳定在5.5亿吨以上，油料、肉类、蛋类、奶及奶制品类、水产品等生产稳定发展。

（2）食品工业发展目标。加快建设产业特色明显、集群优势突出、结构布局合理的现代食品加工产业体系，形成一批品牌信誉好、产品质量高、核心竞争力强的大中型食品加工及配送企业。到2020年，传统食品加工程度大幅提高，食品加工技术水平明显提升，全国食品工业增加值年均增长速度保持在10%以上。

（3）食品消费量目标。推广膳食结构多样化的健康消费模式，控制食用油和盐的消费量。到2020年，全国人均全年口粮消费135千克、食用植物油12千克、豆类13千克、肉类29千克、蛋类16千克、奶及奶制品类36千克、水产品18千克、蔬菜140千克、瓜果及制品

60千克。

（4）营养素摄入量目标。保障充足的能量和蛋白质摄入量，控制脂肪摄入量，保持适量的维生素和矿物质摄入量。到2020年，全国人均每日摄入能量2200～2300千卡，其中，谷类食品供能比不低于50%，脂肪供能比不高于30%；人均每日蛋白质摄入量78克，其中，优质蛋白质比例占45%以上；维生素和矿物质等微量营养素摄入量基本达到居民健康需求。

（5）营养性疾病控制目标。基本消除营养不良现象，控制营养性疾病增长。到2020年，全国5岁以下儿童生长迟缓率控制在7%以下；全人群贫血率控制在10%以下，其中，孕产妇贫血率控制在17%以下，老年人贫血率控制在15%以下，5岁以下儿童贫血率控制在12%以下；居民超重、肥胖和血脂异常率的增长速度明显下降。

二、主要任务

1. 构建供给稳定、运转高效、监控有力的食品数量保障体系

稳定耕地面积，加快高标准农田建设，积极调整农业结构，提高粮食等重要农产品综合生产能力。大力发展畜牧业，提高牛肉、羊肉、禽肉供给比重。大力发展海洋经济，保障水产品供应。广辟食品资源，因地制宜发展杂粮、木本粮油等生产。大力发展农产品储藏、保鲜等产地初加工。积极推进物联网等信息技术应用，加强市场网络和配送服务体系建设，加快形成安全卫生、布局合理的现代食品市场流通体系。加强农产品数量安全智能分析与监测预警，健全中央、地方和企业三级食用农产品收储体系，增强宏观调控能力。更加积极地利用国际农产品市场和农业资源，有效调剂和补充国内食品供给。

2. 构建标准健全、体系完备、监管到位的食品质量保障体系

建立最严格的覆盖全过程的食品安全监管制度，健全各类食品标

准，落实地方政府属地管理和生产经营主体责任，规范食品生产、加工和销售行为。加快推进原料标准化基地建设，集中创建一批园艺作物标准园、畜禽养殖标准化示范场、水产标准化健康养殖示范场和农业标准化示范县。完善投入品管理制度，加强农产品质量安全监管，推进农产品质量安全监管示范县创建活动。推进食品生产、加工和流通企业诚信制度建设，加大对失信企业惩处力度，增强企业诚信经营意识。加强食品安全信息共享与公共管理体系建设，健全快速反应机制，加强应急处置，强化舆论监督和引导。

3. 构建定期监测、分类指导、引导消费的居民营养改善体系

建立健全居民食品与营养监测管理制度，加强监测和信息分析。对重点区域、重点人群实施营养干预，重视解决微量营养素缺乏、部分人群油脂摄入过多等问题。开展多种形式的营养教育，引导居民形成科学的膳食习惯，推进健康饮食文化建设。

三、发展重点

1. 重点产品

（1）优质食用农产品。全面推行食用农产品标准化生产，提升“米袋子”和“菜篮子”产品质量。大力发展无公害农产品和绿色食品生产、经营，因地制宜发展有机食品，做好农产品地理标志工作。积极培育具有地域特色的农产品品牌，严格保护产地环境。

（2）方便营养加工食品。加快发展符合营养科学要求和食品安全标准的方便食品、营养早餐、快餐食品、调理食品等新型加工食品，不断增加膳食制品供应种类。强化对主食类加工产品的营养科学指导，加强营养早餐及快餐食品集中生产、配送、销售体系建设，推进主食工业化、规模化发展。发展营养强化食品和保健食品，促进居民营养改善。加快传统食品生产的工业化改造，推进农产品综合开发与利用。

（3）奶及奶制品类与大豆食品。扶持奶源基地建设，强化奶业市场监管，培育乳品消费市场，加强奶业各环节衔接，推进现代奶业建设。充分发挥我国传统大豆资源优势，加强大豆种质资源研究和新品种培育，扶持国内大豆产业发展，强化大豆生产与精深加工的科学研究，实施传统大豆类及豆制品的工艺改造，开发新型大豆食品，推进大豆类及豆制品规模化生产。

2. 重点区域

（1）贫困地区。采取扶持与开发相结合的方式，提高贫困地区居民的食品消费水平。创新营养改善方式，合理开发利用当地食品资源。动员社会各界参与扶贫开发，采取营养干预措施，实现贫困人口食品与营养的基本保障和逐步改善。

（2）农村地区。加快农村经济社会发展，增加农民收入。加强农村商贸与流通基础设施建设，将城镇现代流通业向广大农村地区延伸，推进“万村千乡”市场工程，开拓农村食品市场，方便农村居民购买食品。

（3）流动人群集中及新型城镇化地区。改善外来务工人员的饮食条件，加强对在外就餐人员及新型城镇化地区居民膳食指导，倡导文明生活方式和合理膳食模式，控制高能量、高脂肪、高盐饮食，降低营养性疾病发病率。

3. 重点人群

（1）孕产妇与婴幼儿。做好孕产妇营养均衡调配，重点改善低收入人群孕妇膳食中钙、铁、锌和维生素A摄入不足的状况，预防中高收入人群孕妇因膳食不合理而导致的肥胖、巨大儿等营养性疾病。大力倡导母乳喂养，重视农村地区6个月至24个月龄婴幼儿的辅食喂养与营养补充，加强母乳代用品和婴幼儿食品质量监管。

（2）儿童青少年。着力降低农村儿童青少年生长迟缓、缺铁性贫血的发生率，做好农村留守儿童营养保障工作。遏制城镇儿童青少年超重、肥胖增长态势。将食品与营养知识纳入中小学课程，加强对教师、家长的营养教育和对学生食堂及学生营养配餐单位的指导，引导学生养成科学的饮食习惯。强化营养干预，加大蛋奶供应，保障食品与营养需求。

（3）老年人。研究开发适合老年人身体健康需要的食品产品，重点发展营养强化食品和低盐、低脂食品。开展老年人营养监测与膳食引导，科学指导老年人补充营养、合理饮食，提高老年人生活质量和健康水平。

四、政策措施

1. 全面普及膳食营养和健康知识

加强对居民食品与营养的指导，提高全民营养意识，提倡健康生活方式，树立科学饮食理念。研究设立公众“营养日”。开展食品与营养知识进村（社区）入户活动，加强营养和健康教育。发布适宜不同人群特点的膳食指南，定期在商场、超市、车站、机场等人流集中地发放。发挥主要媒体对食品与营养知识进行公益宣传的主渠道作用，增强营养知识传播的科学性。加大对食品与营养事业发展的投入，加强流通、餐饮服务等基础设施建设。

2. 加强食品生产与供给

全面落实“米袋子”省长负责制和“菜篮子”市长负责制，强化地方人民政府的食品安全责任。加大对食用农产品生产的支持力度，保护农民发展生产的积极性。加大对食品加工、流通领域的扶持力度，鼓励主产区发展食品加工业，支持大中城市食品加工配送中心建设，发展共同配送、统一配送。加强农业生态环境保护，有效治理面源污染。支持到境外特别是与周边国家开展互利共赢的农业生产和进出口合作。

3. 加大营养监测与干预

开展全国居民营养与基本健康监测工作，进行食品消费调查，定期发布中国居民食品消费与营养健康状况报告，引导居民改善食品与营养状况。加大财政投入，改善老少边穷地区的中小学校和幼儿园就餐环境。

4. 推进食品与营养法制化管理

抓紧进行食品与营养相关法律法规的研究工作，适时开展营养改善条例的立法工作。针对食品与营养的突出问题，依法规范食品生产经营活动，开展专项治理整顿，营造安全、诚信、公平的市场环境。创新食品与营养执法监督，提高行政监管效能。弘扬勤俭节约的传统美德，形成厉行节约、反对浪费的良好社会风尚。

5. 加快食品与营养科技创新

针对食品、营养和健康领域的重大需求，引导企业加大食品与营养科技投入，加强对食品与营养重点领域和关键环节的研究。加强对新食品资源开发和食品安全风险分析技术的研究，在科技创新中提高食品安全水平。加强食品安全监测预警技术研究，促进食品安全信息监测预警系统建设。深入研究食品、营养和健康的关系，及时修订居民膳食营养素参考摄入量标准。

6. 加强组织领导和咨询指导

由农业部、卫生计生委牵头，发展改革委、教育部、科技部、工业和信息化部、财政部、商务部、食品药品监管总局、林业局等部门参加，建立部际协调机制，做好本纲要实施工作。继续发挥国家食品与营养咨询委员会的议事咨询作用，及时向政府提供决策咨询意见。省级人民政府要根据本纲要确立的目标、任务和重点，结合本地区实际，制定当地食品与营养发展实施计划。

参考文献

[1] Ashley D. Charanza, Traci L. Naile. Media Dependency during a Food Safety Incident Related to the U. S. Beef Industry [J]. *Journal of Applied Communications*, 2012, 3 (96): 38 –48.

[2] Dahlgran, Roger A., Dean G. Fairchild. The Demand Impacts of Chicken Contamination Publicity—A Case Study [J]. *Agribusiness*, 2002, 4 (18): 459 –474.

[3] David L. Ortega, Wang H. Holly, Wu Laping. Modeling Heterogeneity in Consumer Preferences for Select Food Safety Attributes in China [J]. *Food Policy*, 2011, 2 (36): 318 –324.

[4] De Jonge, J., Trijp, H. V., Renes, R. J., Frewer, L. J. Consumer Confidence in the Safety of Food and Newspaper Coverage of Food Safety Issues: A Longitudinal Perspective [J]. *Risk Analysis*, 2010, 1 (30): 125 –142.

[5] Kinsey, J., Harrison, R. W., Degeneffe, D., Ferreira, G., Shiratori, S. Index of Consumer Confidence in the Safety of the United States Food System [J]. *American Journal of Agricultural Economics*, 2009, 5 (91): 1470 –1476.

[6] Lijia Moa. Impact of Food Safety Information on US Poultry Demand [J]. *Applied Economics*, 2013, 9 (45): 1121 –1131.

[7] Marks, L. A., N. Kalaitzandonakes, S. S. Vickner, Consumer P urchasing Behavior Towards GM Foods in the Netherlands [M]. In R. D. Evenson and V. Santaniello (eds.), *Consumer Acceptance of Biotechno logy Foods*. Wallingford, U. K.: CABI Publishers, 2004, 23 – 39.

[8] Mykel R. Taylor, H. Allen Klaiber, Fred Kuchler. Structural Change in U. S. Consumer Response to Food Safety Recalls [J]. *Selected Paper prepared for presentation at the Agricultural and Applied Economics Association's* 2013 *AAEA & CAES Joint Annual Meeting*, Washington, D. C., 2013, August 4 – 6.

[9] Piggott, N. E., T. L. Marsh. Does Food Safety Information Impact U. S. Meat Demand? [J]. *American Journal of Agricultural Econo mics*, 2004 (86): 154 – 174.

[10] Robert H. Beach, Fred Kuchler, Ephraim Leibtag, Chen Zhen. The Effects of Avian Influenza News on Consumer Purchasing Behavior—A Case Study of Italian Consumers' Retail Purchases [J]. *Economic Research Report*, 2008 (65): 165 – 177.

[11] Stinson, T. F., Ghosh, K., Kinsey, J., Degeneffe, D. Do Household Attitudes about Food Defense and Food Safety Change Following Highly Visible National Food Recalls? [J]. *American Journal of Agricultural Economics*, 2008 (90): 1272 – 1278.

[12] Colson, G., Rousu, M. C., What Do Consumer Surveys and Experiments Reveal and Conceal about Consumer Preference for Genetically Modified Foods? [J]. *GM Crops and Food: Biotechnology in Agriculture and the Food Chain*, 2013 (4): 158 – 165.

[13] Lusk, J. L., Jamal, M., Kurlander, L., Roucan, M., A meta – analysis of Genetically Modified Food Valuation Studies [J]. *Journal of Agri-*

culture and Resource Economics, 2005, 30 (1): 28 – 44.

[14] Bulent, E.. Consumer Awareness and Perception to Food Safety, A Consumer Analysis [J]. *Food Control*, 2013 (32): 461 – 471.

[15] 15. Gilley, Bruce. The Determinants of State Legitimacy: Results for 72 Countries [J]. *International Political Science Review*, 2016.

[16] Donthu, Naveen, Garica Adriana. The Internet Shopper [J]. *Journal of Advertising Research*, 1999, 3 (39), n. 3: 52 – 58.

[17] Li, Hairong, Cheng Kuo, Martha G. Russell. "The Impact of Perceived Channel Utilities, Shopping Orientations, and Demographics on The Consumer' s Online Buying Behavior [J]. *Journal of Computer – Mediated Communication*, 1999, 2 (5): 1 – 20.

[18] Mathwick, Charla, Naresh Malhotra, Edward Rigdon. Experiential Value: Conceptualization, Measurement and Application in the Catalog and Internet Shopping Environment [J]. *Journal of Retailing*, 2001 (77): 39 – 56.

[19] Punj, G.. Effect of Consumer Beliefs on Online Purchase Beha vior: The Influence of Demographic Characteristics and Consumption Values [J]. *Journal of Interactive Marketing*, 2011, 25 (3): 134 – 144.

[20] Bellman, S., Lohse, G. L., Johnson, E. J. Predictors of Online Buying Behavior [J]. *Communications of the ACM*, 1999, 42 (12): 32 – 38.

[21] Joines, J., Scherer, C. Scheufele, D.. Exploring Motivations for Consumer Web Use and Their Implications for E – Commerce [J]. *Journal of Consumer Marketing*, 2003, 2 (20): 90 – 109.

[22] Bhatnagar, A., Misra, S., Rao, H. R. On Risk, Conve nience, and Internet Shopping Behavior [J]. *Communications of the ACM*,

2000, 43 (11): 98 – 105.

[23] Sultan, F., Henrichs, R. B.. Consumer Preferences for Internet Services Over Time: Initial Explorations [J]. *The Journal of Consumer Marketing*, 2000, 5 (17): 386 – 403.

[24] S. Tamilarasi, R. Angayarkanni. A Study on Customer' s E – shopping Behavior and Satifaction: Special Reference to Working Women in Chennai [J]. *Seusl Journal of Marketing*, 2016, 2 (1): 10 – 17.

[25] Abdel – Ghany, M., D. L. Sharpe. Consumption Patterns among The Young – Old and Old – Old [J]. *The Journal of Consumer Affairs*, 1997, 31 (1): 90 – 112.

[26] Bai, J., T. Wahl, B. Lohmar, J. Huang. Urban food consumption trends in China: Recent Survey Results [J]. *Organized Symposium at The American Agricultural Economics Association (AAEA) Annual Meeting in Orlando*, Florida, 2008, July 26 – 29.

[27] Becker, G. S. Theory of the Allocation of Time [J]. *Economic Journal*, 1965 (75): 493 – 508.

[28] Brexendorf, Tim Oliver Tomczak. The Impact of Sales Encountoro on Brand Loyalty [J]. *Journal of Bussiness Research*, 2010 (63): 1148 – 1155.

[29] Burton, M., T. Young. The Impact of BSE on the Demand for Beef and Other Meats in Great Britian [J]. *Applied Economics*, 1996 (28): 687 – 693.

[30] Cai, H., C. Brown, G. H. Wan, J. Longworth. Income Strata and Meat Demand in Urban China [J]. *Australian Agribusiness Review*, No. 1998 (6).

[31] Chern, W. S., G. Wang. The Engel Function and Complete

Food Demand System for Chinese Urban Households [J]. *China Economic Review*, 1994, No. 4: 35 -57.

[32] Deaton, Muellbauer J. An Almost Ideal Demand System [J]. *American Economics Review*, 1980 (70): 312 -326.

[33] Fan, S., E. J. Wailes, G. L. Cramer. Household demand in rural China: A two - stage LES - AIDS model [J]. *American Journal of Agricultural Economics*, 1995, 77 (1): 54 -62.

[34] Flake, O. L., P. M. Patterson. Health, Food Safety, and Meat Demand [J]. *Contributed Paper at the American Agricultural Economics Association (AAEA) Annual Meeting in Nashville*, 1999, August.

[35] Fuller, F., D. Hayes, D. Smith. Reconciling Chinese Meat Production and Consumption Data [J]. *Economic Development and Cultural Change*, 2000 (49): 23 -43.

[36] Gale, F., K. Huang. Demand for Food Quantity and Quality in China [J]. Washington, D. C.: U. S. *Department of Agriculture*, *Economics Research Service Report*, 2007, No. 32, January.

[37] Gao, X. M., E. J. Wailes, G. L. Cramer. A Two - state Rural Household Demand Analysis: Microdata Evidence from Jiangsu Province [J]. *American Journal of Agricultural Economics*, 1996, 78 (3): 604 -613.

[38] Gould, B., H. Villarreal. An Assessment of the Current Structure of Food Demand in Urban China [J]. *Agricultural Economics*, 2006 (34): 1 -6.

[39] Gould, B. W.. Household Composition and Food Expenditures in China [J]. *Agribusiness*, 2002, 18 (3): 387 -407.

[40] Grimsrud, K., J. J. McCluskey, Loureiro, M., Wahl, T. I.. Consumer Attitudes towards Genetically Modified Food in Norway [J].

IMPACT Center Technical Working Paper, 2003.

[41] Guo, X., T. A. Mroz, B. M. Popkin, F. Zhai. Structural change in the Impact of Income on Food Consumption in China, 1989 – 1993 [J]. *Economic Development and Cultural Change*, 2000, 48 (4): 737 – 760.

[42] Halbrendt, Francis T., Gempesaw C., et al.. Rural Chinese Food Consumption: The Case of Guangdong [J]. *American Journal of Agriculture Economics*, 1994, 76: 794 – 799.

[43] Horton, S., C. Campbell. Wife's Employment, Food Expenditures, and Apparent Nutrient Intake: Evidence from Canada [J]. *American Journal of Agricultural Economics*, 1991, 73 (3): 784 – 794.

[44] Huang, J. K., S. Rozelle, M. W. Rosegrant. China's Food Economy to the Twenty – first Century: Supply, Demand, and Trade [J]. *Economic Development and Cultural Change*, 1999, 47: 737 – 766.

[45] IFIC (International Food Information Council), Support for Food Biotechnology Stable Despite News on Unrelated Food Safety Issues [OB/OL]. http://ific.org/research/biotechres03.cfm. 2004.

[46] Jennifer, S. C., Joseph, B. S. Availability of Healthier Options in Traditional and Nontraditional Rural Fast – food Outlets [J]. *BMC Public Health*, 2008 (8): 395.

[47] 47. Jensen, H. H., S. T. Yen. Food Expenditure away from Home by Type of Meal [J]. *Canadian Journal of Agricultural Economics*, 1996 (44): 67 – 80.

[48] Kenneth, B., Scot, B., et al. The Roles of Gender and Motivation as Moderators of the Effects of Calories and Nutrient Information Provision on away – from – Home Foods [J]. *Summer*, 2008, 43 (2):

249 – 274.

[49] Kinsey, J.. Working Wives and the Marginal Propensity to Consume Food away from Home [J]. *American Journal of Agricultural Economics*, 65 (February 1983): 10 – 19.

[50] L. Gallagher, John E.. Dynamic Almost Ideal Demand Systems: An Empirical Analysis of Alcohol Expenditure in Ireland [J]. *Applied Economics*, 2003, 35 (9): 1025 – 1036.

[51] Li, Q, K. R. Curtis, J. J. McCluskey, T. I. Wahl. Consumer Attitudes toward Genetically Modified Foods in Beijing [J]. *China Ag Bio Forum*, 2003, 5 (4): 145 – 152.

[52] Ma, H., J. Huang, S. Rozelle. Reassessing China's Livestock Statistics: An Analysis of Discrepancies and the Creating of New Data Series [J]. *Economic Development and Cultural Change*, 2004, 52 (2): 445 – 473.

[53] Ma, H., J. Huang, F. Fuller, S. Rozelle. Getting Rich and Eating Out: Consumption of Food away from Home in Urban China [J]. *Canadian Journal of Agricultural Economics*, 2006 (54): 101 – 119.

[54] Manrique, J., H. H. Jensen. Working Women and Expenditures on Food away – from – Home and at – Home in Spain [J]. *Journal of Agricultural Economics*, 1998, 49 (3): 321 – 333.

[55] McCracken, V. A., J. A. Brandt. Household Consumption of Food – away – from – Home: Total Expenditure and by Type of Food Facility [J]. *American Journal of Agricultural Economics*, 1987, 69: 274 – 284.

[56] McKenzie, A. M., M. R. Thomsen. The effect of E. coli 0157: H7 on Beef Prices [J]. *Journal of Agricultural and Resource Economics*, 2001, 26: 431 – 444.

[57] Miaoru, L., Panagiotis, K., Steven, T. Y. Who are Consuming food away from home and where? Results from the Consume Expenditure Surveys [J]. *European Review of Agricultural Economics*, 2013, 40 (1): 191 –213.

[58] Min, I., C. Fang, Q. Li. Investigation of Patterns in Food – away – from – Home Expenditure for China [J]. *China Economic Review*, 2004 (15): 457 –476.

[59] Mutlu, S., A. Gracia. Spanish Food Expenditure away from Home (FAFH): By Type of Meal [J]. *Applied Economics*, 2006 (38): 1037 –1047.

[60] Nayga, R. M, Jr. Wife's Labor Force Participation and Family Expenditures for Prepared Food, Food Prepared at Home, and Food away from Home [J]. *Agricultural and Resource Economics Review*, 1996, 2 (25): 179 –186.

[61] Park, J. L., O. Capps, Jr. Demand for Prepared Meals by U. S. Households [J]. *American Journal of Agricultural Economics*, 1997 (79): 814 –824.

[62] Piggott N. E., T. L. Marsh. Does Food Safety Information Impact U. S. Meat Demand? [J]. *American Journal of Agricultural Economics*, 1997, 1 (86): 154 –174.

[63] Prochaska, F. J., R. A. Schrimper. Opportunity Cost of Time and Other Socioeconomic Effects on away – from – Home Food Consumption [J]. *American Journal of Agricultural Economics*, 1973, 4 (55): 595 –603.

[64] Jussaume, R. Factor Associated with Modern Urban Chinese Food Consumption Patterns [J]. *Journal of Contemporary China*, 2001 (10): 219 –232.

[65] Redman, B. J.. The Impact of Women's Time Allocation on Expenditure for Meals away from Home and Prepared Foods [J]. *American Journal of Agricultural Economics*, 1980, 62 (2): 234 – 237.

[66] Sanae, I., Deborah, A. C., Arleen, F. B.. Body Mass Index: Neighborhood Fast Food and Restaurant Concentration and Car Ownership [J]. *Journal of Urban Health: Bulletin of the New York Academy of Medicine*, 2010, 86 (5): 685 – 695.

[67] Steward, H., S. T. Yen. Changing Household Characteristics and the away – from – Home Food Market: A Censored Equation System Approach [J]. *Food Policy*, 2004, 29: 643 – 658.

[68] Wang, Z., Y. Mao, F. Gale. Chinese Consumer Demand for Food Safety Attributes in Milk Products [J]. *Food Policy*, 2008 (33): 27 – 36.

[69] Yen, S. T.. Working Wives and Food away from Home: The Box – Cox Double Hurdle Model [J]. *American Journal of Agricultural Economics*, 1993 (75): 884 – 895.

[70] Yen, S. T., C. Fang, S. J. Su. Household Food Demand in Urban China: A Censored System Approach [J]. *Journal of Comparative Economics*, 2004, 32 (3): 564 – 585.

[71] Yen, S. T. Working Wives and Food away from Home: The Box – Cox Double Hurdle Model [J]. *American Journal of Agricultural Economics*, 1993, 75 (4): 884 – 895.

[72] Yu, X., D. Abler. The Demand for Food Quality in Rural China [J]. *American Journal of Agricultural Economics*, 2009, 91 (1): 57 – 69.

[73] Zhang, C.. How Do Chinese Consumers Determine Milk Food

Safety? [D]. *Master Thesis at Washington State University*, Pullman, WA. 2008.

[74] Zhong, F.. Exaggeration and Causes of Meat Production Statistics Overreporting in China [J]. *Chinese Rural Economy*, 1997 (10): 63 - 66.

[75] Zhongg, F., M. Marchant, Y. Ding, K. Lu. GM Foods: A Nanjing Case Study of Chinese Consumers' Awareness and Potential Attitudes [J]. *Ag Bio Forum*, 2003, 5 (4): 136 - 144.

[76] 陈孝春，周豫生. 大学生外卖消费中的消费心理与思想引导 [J]. 商场现代化，2015 (9).

[77] 董晓霞，胡冰川，钟钰. 中国城镇居民在外用餐消费的地区差异分析——基于省际面板数据的研究 [J]. 中国食物与营养，2008 (12).

[78] 杜春娥. O2O 模式下餐饮外卖市场大学生消费群分析 [J]. 新闻与传播研究，2015 (4).

[79] 冯良宣，齐振宏，田云，周慧. 我国消费者对转基因食品的购买意愿及影响因素分析 [J]. 中国农业大学学报，2012 (3).

[80] 广州社情民意研究中心. 食品安全公众不满突出，市民防范多靠自己——2012 年食品安全状况广州市民评价民调报告[R]. 2012, http: //www. c - por. org/index. php? a = baogaodetail&c = news& id = 729&pid = 5.

[81] 郭爱君，武国荣. 基于 AIDS 模型的我国农村居民消费结构的动态分析 [J]. 人口与经济，2008 (2).

[82] 郭燕枝，岳晓甜，孙君茂. 国外食品消费模式及对中国的经验借鉴 [J]. 世界农业，2016 (1).

[83] 国家统计局. http: //www. stats. gov. cn/.

[84] 国务院办公厅．中国食物与营养发展纲要（2014～2020年），2014.

[85] 韩青，袁学国．消费者生鲜食品的质量信息认知和安全消费行为分析 [J]. 农业技术经济，2008（5）．

[86] 韩杨，乔娟．消费者对可追溯食品的态度、购买意愿及影响因素——基于北京市调查的检验与分析 [J]. 技术经济，2009（4）．

[87] 何坪华，焦金芝，刘华楠．消费者对重大食品安全事件信息的关注及其影响因素分析 [J]. 农业技术经济，2007（6）．

[88] 黄季焜，仇焕广，白军飞，Carl Pray. 中国城市消费者对转基因食品的认知程度、接受程度和购买意愿 [J]. 中国软科学，2006（2）．

[89] 黄季焜，郭淑静，徐志刚．转基因技术采用的潜在收益研究——基于中国五省的实地调查 [J]. 农业技术经济，2012（1）．

[90] 黄季焜，胡瑞法．中国农业科技投资政策研究 [J]. 农业经济问题，1999（3）．

[91] 黄季焜，罗泽尔．迈向二十一世纪的中国粮食经济 [M]. 北京：中国农业大学出版社，1998.

[92] 黄季焜，徐家鹏．消费者对无公害蔬菜的认知和购买行为的实证分析 [J]. 农业技术经济，2007（6）．

[93] 计晗，何琦，高俊，李志强．基于 LES 模型的北京市进城农民工食品消费状况研究 [J]. 数学的实践与认识，2015（11）．

[94] 纪成君，罗贤飞．城镇居民在外用餐与收入结构变动关系分析——基于省级面板数据模型的分析 [J]. 科技与管理，2010（2）．

[95] 金东晖，林敏，李光春．湖南省 15 岁以上居民的就餐行为调查 [J]. 中国慢性病预防与控制，2007（1）．

［96］ 李辉尚，许世卫，孔繁涛．基于收入分层的中国城镇居民食品消费研究［J］．消费经济，2015（2）．

［97］ 李季．高校学生的网上购买行为分析：创新扩散理论的应用［D］．北京大学硕士学位论文，2003.

［98］ 李瑾，秦向阳，陆州．北京农村居民食品消费特征及发展趋势［J］．广东农业科学，2011（1）．

［99］ 李瑾，杨利琼，秦向阳．北京市城镇居民食品消费特征与发展趋势［J］．广东农业科学，2010（8）．

［100］ 李鲁静．大学生网络外卖消费现状及发展研究［J］．商场现代化，2015（2）．

［101］ 李培功，沈艺峰．媒体的公司治理作用：中国的经验证据［J］．经济研究，2010（4）．

［102］ 李想，石磊．行业信任危机的一个经济学解释：以食品安全为例［J］．经济研究，2014（1）．

［103］ 李新春，陈斌．企业群体性败德行为与管制失效——对产品质量安全与监管的制度分析［J］．经济研究，2013（10）．

［104］ 李哲敏．中国城乡居民食品消费与营养发展的趋势预测分析［J］．农业技术经济，2008（6）．

［105］ 刘华，钟甫宁．食品消费与需求弹性基于城镇居民微观数据的实证研究［J］．南京农业大学学报（社会科学版），2009（9）．

［106］ 刘莉，赵一夫．大陆和台湾地区食品消费变迁的比较分析［J］．世界农业，2016（4）．

［107］ 刘莉，赵一夫．中国台湾地区食品消费变化特征及对大陆的启示［J］．中国食品与营养，2015（6）．

［108］ 刘鹏．中国转基因食品安全监管——基于监管成本—收益视角的分析［J］．华中师范大学学报（人文社会科学版），2016（2）．

［109］刘声传．转基因食品安全的伦理分析［J］．贵州茶叶，2013（1）．

［110］刘婷文，叶松奇，刘志雄．城乡居民食品消费结构特征与差异——以北京为例［J］．中国市场，2015（21）．

［111］刘志雄，董运来．开放条件下中印谷物安全比较研究——基于国家层面的考察［J］．国际观察，2012（1）．

［112］罗云波．转基因食品安全课程的科普型教学改革与实践［J］．现代农业科技，2014（18）．

［113］马冠生，胡小其，栾德春等．中国居民的就餐行为［J］．营养学报，2005（4）．

［114］毛学峰，刘靖，朱信凯．国际食品消费启示与中国食品缺口分析：基于历史数据［J］．经济理论与经济管理，2014（8）．

［115］梅勒．农业发展经济学［M］．安希及等译．北京：中国农业大学出版社，1990.

［116］闵师，白军飞，修长柏．城市居民白酒消费及其影响因素——基于在家与在外消费的实证研究［J］．中国食物与营养，2012，18（6）．

［117］倪佩，夏明．公众对转基因农产品的风险认知和监管期望调查［J］．农产品加工，2016（8）．

［118］齐振宏，周慧．消费者对转基因食品认知的实证分析——以武汉市为例［J］．中国农村观察，2010（6）．

［119］钱振华，刘家华．关于国内外对转基因食品安全状况的文献分析——基于科学计量学的视角［J］．北京科技大学学报（社会科学版），2016，32（2）．

［120］钱振华，杨甲璞，刘文霞．公众理解科学视角下科学传播主体社会责任研究［J］．北京科技大学学报（社会科学版），2016，32

(4).

[121] 全世文，曾寅初，刘媛媛，于晓华．食品安全事件后的消费者购买行为恢复——以三聚氰胺事件为例 [J]. 农业技术经济，2011 (7).

[122] 饶毅．我对转基因技术的态度 [J]. 中国经济报告，2014 (9).

[123] 沙敏，武拉平．BMI 指数在食品消费研究中的应用进展 [J]. 中国食品与营养，2015 (7).

[124] 商务部．加快发展大众化餐饮的指导意见 [EB/OL], http://www.mofcom.gov.cn/article/b/d/201406/20140600613048.shtml., 2014-06.

[125] 佘硕，丁依霞，张聪丛．基于全媒体环境的公众食品安全风险信息获取研究 [J]. 情报杂志，2016，35 (6).

[126] 汤金宝．食品安全管制中公众参与现状的调查分析 [J]. 江苏科技信息，2011 (4).

[127] 王常伟，顾海英．食品安全：挑战、诉求与规制 [J]. 贵州社会科学，2013 (4).

[128] 王殿华，莎娜．基于消费者行为的网购食品安全风险防控研究 [J]. 调研世界，2016 (10).

[129] 王俊秀．中国居民食品安全满意度调查 [J]. 江苏社会科学，2012 (5).

[130] 王艳玲，栾大鹏．新农合与中国农民食品消费：经验判断和实证研究 [J]. 天府新论，2014 (4).

[131] 王燕青，武拉平．农民外出务工后食品消费的变化——以北京为例 [J]. 农业展望，2014 (6).

[132] 王禹．我国城镇居民食品消费和营养状况分析 [J]. 中国

食品与营养，2015（1）.

［133］王震，刘伟平，江晓敏等．基于 ELES 模型的福建省城镇居民食品消费需求研究［J］．福建农林大学学报（哲学社会科学版），2015（1）.

［134］王志刚．食品安全的认知和消费决定：关于天津市个体消费者的实证分析［J］．中国农村经济，2003（4）.

［135］王志宏，翟凤英等．居民收入水平对我国城乡居民食品消费的影响［J］．中国食品与营养，2015（3）.

［136］文晓巍，李慧良．消费者对可追溯食品的购买与监督意愿分析——以肉鸡为例［J］．中国农村经济，2012（5）.

［137］吴筠．转基因食品比一般食品安全［J］．江苏食品与发酵，2004（2）.

［138］吴林海，卜凡，朱淀．消费者对含有不同质量安全信息可追溯猪肉的消费偏好分析［J］．中国农村经济，2012（10）.

［139］吴铭，阮望舒，郑慧婧．大学生网络订外卖现象及影响因素［J］．当代青年研究，2016（9）.

［140］吴元元．信息基础、声誉机制与执法优化——食品安全治理的新视野［J］．中国社会科学，2012（6）.

［141］吴幸泽．基于感知风险和感知利益的转基因技术接受度模型研究——以转基因食品为例的实证分析［D］．中国科学技术大学博士学位论文，2014.

［142］武帅峰，陈志国，杨甜婕．食品安全事件对相关上市公司的溢出效应研究［J］．财经理论与实践，2014（3）.

［143］夏晓平，李秉龙．中国城市居民户外食品消费行为的实证研究——以对内蒙古自治区呼和浩特市和包头市的调整为例［J］．内蒙古社会科学（汉文版），2011（5）.

[144] 肖海峰，李瑞锋，努力曼．我国贫困地区农村居民家庭食品安全状况的自我评价及影响因素分析 [J]．农业技术经济，2008 (3)．

[145] 谢康．中国食品安全治理：食品质量链多主体多中心协同视角的分析 [J]．产业经济评论，2014 (3)．

[146] 徐洪水．基于 ELES 的中国城乡居民消费结构比较分析 [J]．金融与经济，2009 (10)．

[147] 徐秋艳，李秉龙．基于省际 Panel Date 模型的我国城镇居民在外饮食消费差异分析 [J]．数理统计与管理，2015 (5)．

[148] 杨德明，赵璨．媒体监督、媒体治理与高管薪酬 [J]．经济研究，2012 (6)．

[149] 喻闻，许世卫．2012 年中国农村居民食品消费分析 [J]．农业展望，2012 (10)．

[150] 臧旭恒，孙文祥．城乡居民消费结构：基于 ELES 模型和 AIDS 模型的比较分析 [J]．山东大学学报，2003 (6)．

[151] 翟凤英，何宇娜，马冠生等．中国城乡居民食品消费现状及变化趋势 [J]．中华流行病学杂志，2005 (7)．

[152] 张安立．敬畏自然：拒绝转基因食品 [N]．中国社会科学报，2010－09－16 (4)．

[153] 张品一．基于 Quaids 模型的中国城镇居民食品需求异质性研究 [J]．统计与研究，2013 (23)．

[154] 张王梅，喻闻，李志强．中国农村居民食品消费需求弹性研究 [J]．江西农业大学学报（社会科学版），2012 (11)．

[155] 赵晓飞，高琪媛．农产品网购意愿影响因素及作用机理研究 [J]．北京工商大学学报（社会科学版），2016 (5)．

[156] 郑志浩，赵殷钰．收入分布变化对中国城镇居民家庭在外

食品消费的影响［J］. 中国农村经济，2012（7）.

［157］钟甫宁，易小兰. 消费者对食品安全的关注程度与购买行为的差异分析——以南京市蔬菜市场为例［J］. 南京农业大学学报(社会科学版)，2010（2）.

［158］周峰，田维明. 消费者对转基因产品的认识和态度及其决定因素分析：一个北京案例研究［J］. 中国农业经济评论，2003（3）.

［159］周洁红，李凯，陈晓莉. 完善猪肉质量安全追溯体系建设的策略研究——基于屠宰加工环节的追溯效益评价［J］. 农业经济问题，2013（10）.

［160］周洁红. 消费者对蔬菜安全的态度、认知和购买行为分析［J］. 中国农村经济，2004（11）.

［161］周津春. 农村居民食品消费的 AIDS 模型研究［J］. 中国农村观察，2006（6）.

［162］周应恒，霍丽，彭晓佳. 食品安全：消费者态度、购买意愿及信息的影响［J］. 中国农村经济，2004（11）.

［163］周应恒，王二朋. 中国食品安全监管：一个总体框架［J］. 改革，2013（4）.

［164］陈苗苗. 转基因食品消费意愿的影响因素分析［D］. 上海海洋大学硕士学位论文，2015.

［165］宗荣. 转基因食品更安全［J］. 民防苑，2007（2）.

致 谢

本书的出版得到了北京市自然科学基金面上项目（9162016）的资助。在此，深表谢意。在问卷设计过程中，中国政法大学商学院的杨丽花副教授、刘婷文副教授、李宗怡副教授、刘毅博士提供了宝贵的修改意见。在实地调研过程中，许多本科生同学积极参与，他们分别是李茜妍、张馥蕾、吴长帅、张艺馨、蒲正东、刘琛、蒋飘、石可等。在研究过程中，得到了硕士研究生李青山、丁传中、王晋和博士研究生汪霜傲的帮助。

感谢中国农业科学院吴敬学研究员、中国社会科学院谭秋成研究员、中国人民大学仇焕广教授、中央财经大学张晓涛教授、北京工商大学张正平教授、中国政法大学巫云仙教授，他们在本人举办的研讨会上提出了非常宝贵的意见。同时，感谢中国农业大学经济管理学院白军飞教授给予的帮助。此外，还要感谢“中国政法大学新兴学科培育与建设计划”的资助。

目前，相关研究文献并不少，尽管本书参考了大量文献，但一定还存在某些谬误与疏漏，恳请专家和读音提出宝贵意见。

最后，要感谢一直以来关心我成长的父母、岳父母和妻子，以及带给整个家庭快乐的两个可爱的孩子！

刘志雄

2018 年 6 月于北京